LIEBEN
HEISST DIE ANGST VERLIEREN

LIEBEN
HEISST DIE ANGST VERLIEREN

Dr. med. Gerald G. Jampolsky

Vorwort von Hugh Prather

Illustrationen von Jack Keeler

Felicitas Hübner Verlag

Die amerikanische Originalausgabe,
LOVE IS LETTING GO OF FEAR,
erschien bei Celestial Arts, Millbrae, California,
unter ISBN 0-89087-246-5

Übersetzung: Dorothea Reischl und Peter Hübner
Lektorat: Andreas Lentz
Redaktion: Cecilia v. Studnitz und Felicitas Hübner
Illustrationen: Jack O. Keeler
Umschlag und graphische Überarbeitung: Peter Hübner
Satz: Dhyana Fotosatz, Frankfurt/M
gesetzt in Andover (Palatino)
Gesamtherstellung: Fuldaer Verlagsanstalt, Fulda

ISBN 3-88792-000-7

(früher ISBN 3-88195-006-0)

1. Auflage Oktober 1981
2. Auflage Juli 1982
3. Auflage Februar 1983
4. Auflage Juli 1983
5. Auflage Januar 1984
6. Auflage Juli 1984
7. Auflage November 1984
8. Auflage Mai 1985

Für die Kinder des Universums,
die durch die Essenz ihres Wesens,
die Liebe,
Licht in eine verdunkelte Welt bringen
und uns
zum Königreich des Himmels führen

Dieses Buch ist Helen und Bill gewidmet, die sowohl Lehrer als auch Freunde für mich gewesen sind. Dank ihrer gemeinsamen Bereitwilligkeit entstand *Kurs der Wunder,* ein Werk, das die Grundlage für dieses Buch bildet.

G.G.J.

DANKSAGUNGEN

Ich möchte Herrn Dr. William Thetford meine tiefe Dankbarkeit für seine ununterbrochene Unterstützung und Ermutigung ausdrücken, für die vielen Stunden, die er damit verbrachte, Änderungen und Ergänzungen an diesem Buch vorzunehmen, sowie für seine Zusammenarbeit mit mir bei einer früheren Veröffentlichung*, die in *Lieben Heißt die Angst verlieren* ausgiebig zitiert wird.

Außerdem möchte ich Jules Finegold, Hugh Prather und Mary Abney meinen tiefen Dank aussprechen für ihre liebevolle Hilfe bei der Redigierung.

Die zwölf Lektionentitel in diesem Buch sind Zitate aus dem *Kurs der Wunder,* dessen Urheberrechte die Stiftung für Inneren Frieden besitzt, und die hier mit Genehmigung des Verlegers wiedergegeben werden. Ganz besonderen Dank schulde ich Judy und Bob Skutch für ihre liebevolle Unterstützung sowie die Genehmigung, aus diesem Material zitieren zu dürfen.

* *Geben bedeutet Empfangen: Ein Minikurs zur Heilung von Beziehungen und der Erlangung von geistigem Frieden,* von Dr. med. Gerald G. Jampolsky, veröffentlicht 1979 von MINI COURSE, P.O. Box 1012, Tiburon, CA 94920, USA.

INHALT

ANMERKUNGEN DES AUTORS

Wir lehren das, was wir lernen wollen und ich will lernen, inneren Frieden zu erleben.

Im Jahre 1975 betrachtete mich meine Umwelt als einen erfolgreichen Psychiater, der alles zu haben schien, was er sich nur wünschte. Meine innere Welt aber war chaotisch, leer, unglücklich und verlogen. Meine zwanzigjährige Ehe hatte kürzlich in einer schmerzlichen Scheidung geendet. Ich war zum starken Trinker geworden und hatte chronische, behindernde Rückenschmerzen entwickelt, die das Ergebnis meiner Auseinandersetzung mit Schuldgefühlen waren.

Zu dieser Zeit fielen mir einige Schriften in die Hand, die sich *Kurs der Wunder** nannten. Dieser Kurs könnte als eine Art spiritueller Psychotherapie zum Selbsterlernen bezeichnet werden. Ich war vielleicht überraschter als irgendein anderer, als ich in ein Gedankensystem verwickelt wurde, das Worte wie *Gott* und *Liebe* verwendet. Ich hatte bisher geglaubt, daß ich der letzte Mensch wäre, der sich für solche Schriften inter-

* *Kurs der Wunder*, veröffentlicht von der Stiftung für Inneren Frieden, P.O. Box 635, Tiburon, CA 94920, USA

essiert. Bislang hatte ich Menschen, die einem spirituellen Pfad folgten, immer äußerst geringschätzig beurteilt, denn ich hielt sie für ängstlich und glaubte, daß sie ihren Intellekt nicht richtig anwendeten.

Als ich mit dem Studium des *Kurses* begann, hatte ich ein überraschendes, aber auch sehr beruhigendes Erlebnis. Ich hörte eine innere Stimme, oder vielleicht war es, korrekter gesagt, der Eindruck einer Stimme, die mir sagte „Arzt, heile dich selbst: Dies ist dein Weg Nachhause".

Ich fand den *Kurs* in meinem Ringen um persönliche Veränderung ausschlaggebend. Er half mir erkennen, daß ich tatsächlich die Wahl hatte, Frieden oder Konflikt zu erleben, und daß es immer eine Wahl zwischen Wahrheit oder Illusion ist. Die unterschwellige Wahrheit für uns alle ist, daß die Essenz unseres Wesens aus Liebe besteht.

Der *Kurs* behauptet, daß es nur zwei Emotionen gibt, Liebe und Angst. Erstere ist unser natürliches Erbe; das zweite fabriziert unser Intellekt. Der *Kurs* schlägt vor, das Loslassen der Angst zu erlernen, indem wir Vergebung praktizieren und jeden, einschließlich unserer selbst, als frei von Schuld und Tadel ansehen. Indem ich die Konzepte des *Kurses* in meinem beruflichen sowie privaten Leben anwandte, begann ich Perioden des Friedens zu erleben, die ich nicht einmal im Traum für möglich gehalten hatte.

Ich möchte hinzufügen, daß ich immer noch gelegentlich deprimiert bin, Schuldgefühle habe, irritiert oder böse bin, aber diese Stimmungen dauern nur noch kurze Zeit an, während sie sich früher über Ewigkeiten zu halten schienen. Früher dachte ich mich als ein Opfer der Welt, die ich wahrnahm. Wenn die Dinge falsch liefen, pflegte ich die Welt oder meine Mitmenschen für mein Elend verantwortlich zu machen, und empfand meinen Ärger als gerechtfertigt. Heute weiß ich, daß ich *nicht* das Opfer meiner wahrgenommenen Umwelt bin und tendiere zunehmend dazu, Verantwortung zu übernehmen für wasimmer ich wahrnehme und für die Gefühle, die ich erlebe.

Wir sind alle Lehrer füreinander. Ich habe dieses Buch geschrieben, weil ich glaube, daß durch das Lehren dessen, was ich lernen möchte — inneren Frieden — ich ihn beständiger für mich selber erlangen kann. Dieser Weg ist nichts für Leute, die Gurus suchen, da er jeden gleichermaßen als Lehrer wie als Schüler betrachtet.

Während jeder von uns dem einzigen Ziel — für sich selber inneren Frieden zu erreichen — entgegenstrebt, so können wir auch unsere Verbundenheit miteinander erfahren, die entsteht, wenn wir die Hindernisse beseitigen, die unser Gewahrsein von der Gegenwärtigkeit der Liebe blockieren.

Laßt uns daher gemeinsam in unseren Leben diese Aussage des *Kurs der Wunder* demonstrieren.

Lehre einzig Liebe, denn das ist, was du bist.

Jerry Jampolsky
Tiburon, Kalifornien
1. Mai 1979

Liebe ist der Weg, den ich in Dankbarkeit gehe.

VORWORT

Ich hatte zahlreiche Gelegenheiten, Jerry in Situationen zu beobachten, die man als streßerfüllt bezeichnen kann. Zum Beispiel, mitten in der Nacht, beim Warten auf ein Mädchen, das bei uns in Behandlung war und sich in einem von Chikagos rauhesten Vierteln verirrt hatte; oder beim ergattern von Mahlzeiten, Nickerchen und Flugverbindungen zu unmöglichen Zeiten, während wir auf Vortragsreisen durchs Land zogen; beim Tennisspiel um halb sieben in der Frühe (zählt das?); stundenlang mit zwei weiteren Leuten in einem Zimmer eingepfercht, während man sich über praktisch jedes Wort, das in einem buchlangen Manuskript erscheinen sollte, einigte; völlig verirrt, einen Termin bereits verpaßt, und dann gezwungen, unsere Reiseroute aus kalifornischen Hinterland-Straßen zurück zu verfolgen; ihm zuzusehen, wie er in einem kleinen, überfüllten Zimmer mit einem unheilbar kranken Jungen arbeitete, ihm (erfolgreich) beizubringen versuchte, sich von Schmerzen zu befreien.

Ich erzähle euch das alles, damit ihr wißt, was hinter folgender Feststellung steckt: Jerry Jampolsky lebt, was er lehrt. Ich weiß, daß dieses Buch der genauen

Mitte seines Herzens entstammt. Nichts von dem, was hier gesagt wird, ist auch nur im geringsten übertrieben oder undurchführbar. Ich habe ihn, solange ich ihn kenne, jede Zeile dieses Buches wirklich leben sehen.

Neben dem Verfassen von Büchern arbeite ich mit „Crisis Intervention" zusammen. Davor war ich Schülerberater, Lehrer, Praktiker des geistigen Heilens und noch einiges mehr, was in diesem Zusammenhang weniger wichtig ist. Ich habe beobachtet, daß ein Prinzip wie ein lichter Faden durch alle Bemühungen geht, bei denen ein Mensch versucht, einem anderen eine echte Hilfe zu sein. Und ich weiß jetzt, nachdem ich Jerrys Arbeit mit Opfern von Unfällen und Krankheiten gesehen habe, daß dieses Prinzip immer zutrifft, egal ob der Hilfesuchende todkrank ist, einen Gehirnschaden hat oder im Koma liegt und daher unfähig ist, seine bittere Not in Worte zu fassen. Das Prinzip lautet: Ich kann einem anderen keine wirkliche Hilfe sein, wenn ich nicht erkenne, daß wir beide gemeinsam in dieser Sache stecken, daß all unsere Unterschiede oberflächlich und bedeutungslos sind, und daß nur die unzähligen Punkte, in denen wir uns gleich sind, überhaupt Bedeutung haben.

Ich kann mich nicht mit meinem Vater zusammensetzen, der sein Kind mißhandelt und denken „Du Bastard, du prügelst dein Kind. Ich schlage das meine nicht.", und diesem Mann auch nur von geringstem Nutzen sein. Wenn ich jedoch die Substanz seines Ärgers ehrlich betrachte, und nicht die Weise, in der er ihn ausdrückt, dann werde ich darin meinen eigenen Ärger wiedererkennen. Jeder Zorn, den man empfindet, drückt sich auf irgendeine Art und Weise aus und der, der indirekt auf Umwegen ausgedrückt wird, ist dem direkt ausgedrückten Zorn nicht überlegen. Wenn ich dies erkenne, kann ich mich mit diesem Mann verbinden und zu dem spirituellen Kern gelangen, der uns innerlich vereint, und gemeinsam können wir dessen Richtung suchen.

Das alte Denkmodell in Bezug auf die Frage, wie man dem anderen hilfreich sein könnte, basierte auf Ungleichheit. Etwas mußte an mir „nicht stimmen": Entweder war ich ein disziplinloser Schüler oder ein Alkoholiker, war selbstmordgefährdet oder hatte eine furchtbare Krankheit, oder einen Schnupfen. Jedenfalls war ich anders als du, und es spielte keine Rolle, welche Form der Unterschied annahm, denn in allen Fällen kam ich zu dir weil ich glaubte, du wüßtest mehr oder hättest Fähigkeiten, die mir fehlten. Dann hast du dich sachkundig auf mein Problem konzentriert, und es somit aus dem Zusammenhang mit meinem Leben genommen. Es war nicht länger mein Problem. Ich hatte dir die Verantwortung dafür übergeben, und danach hast du bestimmt, was ich denken und tun sollte.

Würde dieses Denkmodell das einzige an unseren Versuchen, einander zu helfen, darstellen, so wäre, glaube ich, wenig Sinnvolles je dabei herausgekommen. Aber wir haben immer um die Mängel dieser Anschauung gewußt, wenigstens intuitiv, und dieses Wissen, wie vage auch immer, machte Alternativen möglich. *Lieben heißt die Angst verlieren* handelt von dieser Alternative. Sie ist praktisch anwendbar, weil sie nicht neu ist. So wie sie in diesem Buch präsentiert wird, ist sie allerdings eine Abweichung vom Bisherigen, denn hier wird sie in ihrer reinsten Form dargestellt. Somit wird dieses Buch radikal.

Für einige Leser ist es jetzt vielleicht hilfreich, wenn

ich mit eigenen Worten meine Auffassung der Jampolsky-Lebenseinstellung schildere. Jerry würde sagen, daß seine Einstellung die des *Kurs der Wunder* ist, und ich würde dem nur beipflichten, da ich diese Bücher selbst studiere, doch füge ich dem dies hinzu: Jeder Mensch hat seine einzigartige Weise, die Wahrheit so darzustellen, wie er sie sieht, und diese Einzigartigkeit ist wichtig, denn es wird nur gewisse Menschen geben, die du oder ich in diesem Leben berühren werden, und für diese Begegnungen wird Ehrlichkeit der Behälter sämtlicher Gaben sein, die wir geben oder erhalten werden.

Da dies meine Worte sind, klingen sie vielleicht etwas religiöser als die von Jerry, aber wenn ihr mir diese kleine Diskrepanz verzeiht, verspreche ich, ansonsten nicht von seinem sanften Geist abzuweichen.

Uns wurde alles gegeben, was wir brauchen, um jetzt glücklich zu sein. Diesen Moment direkt zu betrachten heißt Frieden zu haben. Es bedeutet, daß es uns nicht interessiert, wie die Liebe uns in Zukunft versorgt. Und wir kümmern uns nicht darum, was wir in der Vergangenheit taten oder sagten, oder ob jemand, der uns unserer Meinung nach schlecht behandelt hat, seinen Lohn dafür bekommt oder nicht. Mit diesem Augenblick völlig zufrieden zu sein, ist ein Geisteszustand von solch einer kraftvollen Potenz zu heilen und Frieden zu verbreiten, daß er mit Worten nicht einmal angedeutet werden kann. Angst — die einzige Alternative zu Vertrauen zu allem, was gerade geschieht — ist ein Zustand der Lähmung, der dadurch entsteht, daß wir uns auf das konzentrieren, von dem wir glauben, daß es nicht zu ändern sei: Auf das, was vorbei ist oder noch nicht geschah.

Vor ungefähr zwei Monaten rief mich ein Mann an und erzählte mir, daß er seinen Arbeitsplatz verloren habe, daß sich seine Frau von ihm habe scheiden lassen und daß die Frau, in der Etagenwohnung seiner gegenüber, nicht mit ihm schlafen wolle. Letzteres Problem würde sich allerdings in Kürze dadurch lösen, daß er gezwungen wäre, seine Wohnung aufzugeben und daß er in der Gegend keine andere fände. *„Der Kurs der Wunder,"* sagte er, „funktioniert nicht."

Während wir sprachen, rief er sich jenen Tag ins Gedächtnis zurück, an dem er seine Arbeit verloren hatte und verglich die Phantasien, die er an diesem Tag in Bezug darauf hatte, was auf ihn zukommen würde mit dem, was tatsächlich geschah. Obwohl er nicht alles bekommen hatte, was er sich hätte wünschen können, war ihm doch alles gegeben, was er wirklich brauchte. Er stimmte zu, daß, ehrlich betrachtet, seine Situation von Augenblick zu Augenblick nicht unglücklich gewesen war. Erst seine *Interpretation* der Situation ließ ihn sich schlecht fühlen. Und diese Interpretation mußte *willentlich ins Gedächtnis zurückgerufen* werden. Er mußte sich seine Definition von sich selbst als Gefeuertem wieder ins Gedächtnis rufen. Er entdeckte außerdem, daß, wenn er genau betrachtete, was nach seiner Scheidung geschah, Liebe nicht von ihm genommen wurde. Sie war weiterhin da, in einer Form, die er verstehen und schätzen konnte. Es gab nun viele andere Menschen in seinem Leben, die ihn eindeutig liebten.

Die Liebe selbst bleibt konstant, nur der bestimmte Mensch, von dem wir sie manchmal erwarten, mag wechseln. Das Versprechen des *Kurses,* daß der Große Plan wohlgesonnen bleiben wird, war nicht gebrochen worden. Ebensowenig wie dieser Plan in der Vergangenheit durch einen Arbeitgeber vereitelt werden konnte, könnte dies in Zukunft durch einen Vermieter geschehen. Nichts kann das Versprechen von Trost durchkreuzen, außer unsere Auslegung, und diese wird immer stören, weil sie uns veranlaßt, nicht ehrlich zu sehen, wo wir sind und was uns umgibt.

In diesem Augenblick haben wir alles, was wir brauchen. Deshalb können wir dem, was geschieht, vertrauen. Denn es wird niemals eine Zeit geben, die nicht jetzt ist. Wir werden geliebt. Aber diese Liebe kann nicht gesehen werden, wenn unsere Gedanken auf alles andere konzentriert sind außer dem, was direkt vor uns liegt. Die Liebe existiert nicht in einer Zeit unserer Vorstellung, und sie kann ihre Vertrauenswürdigkeit auch nicht innerhalb unserer ängstlich geduckten Phantasien unter Beweis stellen. Wir müssen willens sein, in ihren sanften Armen zu ruhen und uns nicht darum kümmern, wie diese hierher kamen, oder warum sie es vorziehen zu bleiben.

Ich will mit einer reizenden Geschichte schließen, die mir ein Freund erzählte.

Ein Mann, dessen Leben beendet war, erschien vor Gott. Und Gott blickte auf dessen Leben zurück und zeigte ihm die vielen Lektionen, die er gelernt hatte. Als er damit fertig war, sagte er „Mein Kind, möchtest du etwas fragen?“ Und der Mann antwortete „Während du mir mein Leben zeigtest, fiel mir auf, daß da in guten Zeiten immer zwei paar Fußspuren waren und ich wußte, daß du neben mir gingst. In schlechten Zeiten aber war da nur eine Fußspur. Warum, Vater, hast du mich in den schwierigen Zeiten verlassen?“ Und Gott antwortete „Du interpretierst es falsch, mein Sohn. Es ist wahr, daß ich in guten Zeiten neben dir ging und dir den Weg zeigte, aber in schwierigen. Zeiten trug ich dich."

Hugh Prather
Santa Fe, Neu Mexiko
23. Juni 1979

EINLEITUNG

Mein Freund, Hugh Prather, schrieb einmal „Es muß einen anderen Weg geben, durchs Leben zu gehen, als kreischend und um sich tretend hindurchgezerrt zu werden."

Ich glaube, es *gibt* einen anderen Weg, durchs Leben zu gehen. Er erfordert unsere Bereitschaft, unser Ziel zu ändern.

Bei den Menschen wächst überall die Erkenntnis, daß wir dabei sind, uns selbst und die Welt, in der wir leben, zu zerstören. Wir scheinen unfähig, die Welt, andere Menschen oder uns selbst zu verändern. Viele von uns, mich eingeschlossen, haben gespürt wie nutzlos all unsere Versuche, uns von Frustration, Konflikt, Schmerz und Krankheit zu befreien, waren, solange wir immer noch an unseren alten Systemen der Überzeugung festhielten.

Heute breitet sich die Suche nach einem besseren Weg durchs Leben immer rascher aus und führt zu einer neuen Wahrnehmung und einem Bewußtseinswandel. Es ist wie eine geistige Flut, die im Begriff ist, die Erde zu reinigen. Dieser Wandel des Bewußtseins leitet uns an, nach innen zu schauen und während wir unsere inneren Räume erforschen, entdecken wir die Harmonie und das Ein-gestimmt-sein, die immer da waren.

Während wir nach Innen schauen, werden wir außerdem einer inneren intuitiven Stimme gewahr, die eine verläßliche Quelle der Führung darstellt. Wenn die physischen Sinne zum Schweigen gebracht sind, und wir dieser inneren Stimme zu lauschen beginnen und uns ihr hingeben, merken wir, daß Augenblicke echter Heilung und des Wachstums stattfinden. In dieser Stille, indem der Konflikt von Persönlichkeiten aufgehört hat uns zu interessieren, können wir die Freude des Friedens in unserem Leben erfahren.

Obwohl wir Frieden erleben wollen, suchen die meisten von uns immer noch nach etwas, das wir niemals finden werden. Wir versuchen immer noch zu kontrollieren und vorauszusagen und fühlen uns deshalb isoliert, abgeschnitten und alleine, bruchstückhaft, ungeliebt und unliebenswürdig. Wir scheinen nie genug zu bekommen von dem, was wir glauben haben zu wollen, und unsere Befriedigungen sind äußerst kurzlebig. Selbst mit den Menschen, die uns nahe stehen, verbindet uns oft eine Haßliebe. Es sind diese Beziehungen, in denen wir meinen, von jemandem etwas bekommen zu müssen. Wenn das Bedürfnis erfüllt wird, *lieben* wir den Betreffenden, wenn nicht, *hassen* wir ihn. Viele von uns entdecken, daß, nachdem wir alles erreicht haben, was wir zu wünschen glaubten, wie Arbeit, Zuhause, Familie und Geld, dennoch eine innere Leere bleibt. Mutter Teresa aus Kalkutta, Indien, nennt dieses Phänomen eine *seelische Mangelerscheinung.*

In der ganzen Welt wächst die Erkenntnis von der Notwendigkeit innerer Erfüllung anstatt sich auf äußerliche Erfolgsattribute zu verlassen. Wenn wir das Verlangen haben, irgendetwas von einem anderen Menschen oder der Welt zu bekommen und dabei ohne Erfolg bleiben, dann ist das Ergebnis Streß in Form von Frustration, Depression, Schmerzempfindung, Krankheit und Tod. Die meisten von uns wollen Schmerzen, Krankheiten und Frustrationen ernsthaft loswerden, aber dennoch unser altes Selbstkonzept beibehalten. Vielleicht drehen wir uns deshalb im Kreise, weil wir starr an unserem alten Überzeugungs-System festhalten.

Die Welt, die wir erleben, die uns so wahnsinnig erscheint, ist das Ergebnis eines Glaubenssystems, das nicht funktioniert. Um die Welt anders wahrzunehmen, müssen wir bereit sein, unser Glaubenssystem zu ändern. Wir müssen die Vergangenheit gehen lassen, unseren Sinn für das Jetzt erweitern und die Angst in unseren Köpfen auflösen. Diese veränderte Wahrnehmung führt uns zu der Erkenntnis, daß wir nicht abgetrennt sind, sondern schon immer miteinander verbunden waren.

Es gibt viele richtige Wege, die zu Veränderung und innerem Frieden führen. Dieses kleine Büchlein ist als Leitfaden für diejenigen unter uns geschrieben, die motiviert sind, eine persönliche Veränderung zu erleben, ein Leben des Gebens und der Liebe, fort von Erhaltenwollen und Angst. Kurz gesagt, dies ist ein Buch über Selbsterfüllung durch Geben. Der Text und die Zeichnungen zeigen praktische Anwendungsmöglichkeiten der Schritte zu persönlicher Veränderung in Alltagssituationen, die wir alle erleben. Die Absicht dieses Buches ist es, uns zu helfen, Blockierungen auszuräumen, die dem Bewußtsein der Gegenwart der

Liebe — unserer wahren Realität — im Wege stehen, so daß wir die Wunder der Liebe in unseren Leben erfahren können.

Wie der *Kurs der Wunder* vorschlägt, können wir ein einziges *Ziel* haben, inneren Frieden — und die eine *Funktion,* Vergebung zu üben. Und unsere Erfüllung kann uns daraus erwachsen, daß wir die Stimme unseres inneren Lehrers anhören. Auf diese Weise können wir lernen, unsere Beziehungen heil werden zu lassen, inneren Frieden zu erleben und Angst zu verlieren.

Mein jetziges Glück ist alles, was ich sehe.

TEIL I

VORBEREITUNG ZUR PERSÖNLICHEN VERÄNDERUNG

Alle Angst ist Vergangenheit
und nur Liebe ist hier.

Was ist wirklich?

Die meisten von uns sind sich im unklaren darüber, was wirklich ist. Obwohl wir ahnen, daß da etwas mehr ist, versuchen wir uns mit einer Realität abzufinden, die ausschließlich auf den Rückmeldungen unserer physischen Sinne beruht. Um diese „Wirklichkeit" zu bekräftigen, schauen wir nach dem, was unsere Kultur als gesund, normal und daher als wirklich definiert.

Aber wo paßt Liebe in dieses Schema? Hätte unser Leben nicht mehr Sinn, wenn wir das als unsere Wirklichkeit betrachteten, was weder einen Anfang noch ein Ende hat? Einzig die Liebe paßt in diese Definition des Ewigen. Alles andere ist vergänglich und bedeutungslos.

Angst entstellt immer unsere Wahrnehmung und verwirrt uns in Bezug auf das, was geschieht. Liebe bedeutet die totale Abwesenheit von Angst. Liebe stellt keine Fragen. Ihre natürlichen Beschaffenheiten sind ein Ausdehnen und Sichverbreiten, kein Vergleichen und Messen. Liebe ist daher alles, was wirklich von Wert ist; Angst kann uns nichts bieten, weil sie nichts *ist*.

Obwohl Liebe immer das ist, was wir wirklich wollen, fürchten wir uns oft vor ihr, ohne uns dessen bewußt zu sein. Das mag der Grund dafür sein, daß wir uns ihrer Anwesenheit gegenüber manchmal blind und taub stellen. Jedoch, während wir uns selbst und anderen helfen, die Angst zu verlieren, beginnen wir, eine persönliche Veränderung zu spüren. Wir fangen an über unsere alte Realität, die durch unsere physischen Sinne bestimmt war, hinauszusehen und gelangen zu einer Klarheit, in der wir erkennen, daß alle Gemüter miteinander verbunden sind, daß wir an einem gemeinsamen Selbst teilhaben und daß innerer Friede und Liebe tatsächlich alles sind, was wirklich ist.

Mit Liebe als unserer einzigen Wirklichkeit, können Gesundheit und Ganzheit als innerer Friede betrachtet werden, und Heilung ist gleich dem Verlieren der Angst. **Lieben heißt also, die Angst verlieren.**

Die Vergangenheit immer wieder ablaufen lassen

Wir alle schaffen unsere eigenen Störfaktoren, die das Sehen, Hören und Erleben von Liebe in uns selbst und in anderen nur beeinträchtigen können. Diese selbstauferlegte Störung hält uns in einem alten Vorstellungssystem fest, das wir wiederholt anwenden, obwohl es uns nicht das bringt, was wir wollen.

Unser Verstand kann als Filmarchiv angesehen werden, in dem Unmengen von Spielfilmen über unsere früheren Erfahrungen gespeichert sind. Die Bilder dieser Filme überlagern sich nicht nur gegenseitig, sondern sind auch noch der Linse vorgelagert, durch die wir die Gegenwart erleben. Folglich sehen und hören wir die Gegenwart niemals wirklich so, wie sie ist. Wir sehen lediglich Bruchstücke davon durch die entstellten alten Erinnerungen hindurch, die wir über die Gegenwart gelagert haben.

Wenn wir wollen, können wir uns mit zunehmender Effektivität der aktiven Imagination bedienen, um alles von diesen alten Filmen zu löschen, bis auf die Liebe. Dies erfordert ein Loslassen unseres alten Haftens an Schuldgefühlen und Angst.

ALTE FILME
LAUFEN JETZT
DRINNEN
LIEBE

Vorhersage versus Frieden

Manchmal legen wir mehr Wert auf das Kontrollieren und Vorhersagen als auf geistigen Frieden. Gelegentlich erscheint es uns als wichtiger, vorauszusagen, daß wir uns im nächsten Augenblick elend fühlen werden und dann zu genießen, daß wir Recht hatten, statt wahres Glück im gegenwärtigen Augenblick zu besitzen. Dies kann als eine schwachsinnige Art von Selbstschutz angesehen werden und erzeugt einen Kurzschluß, der Genuß mit Schmerz verwechselt.

Wir glauben oft, daß die Ängste der Vergangenheit die der Zukunft voraussagen können. Das Ergebnis dieser Denkweise ist, daß wir die meiste Zeit damit verbringen, uns sowohl über die Vergangenheit als auch über die Zukunft Sorgen zu machen und damit einen Teufelskreis der Angst herstellen, der wenig Raum läßt für Liebe und Freude in der Gegenwart.

Entscheidung für die Wirklichkeit

Wir können unsere eigene Wirklichkeit aussuchen. Da wir einen freien Willen haben, können wir entscheiden, die Wahrheit zu sehen und zu erfahren. Wir können die Wahrheit unserer Wirklichkeit als Liebe erleben. Um dies tun zu können, müssen wir uns jeden Augenblick weigern, uns von einer angstbesetzten Vergangenheit und Zukunft sowie den fragwürdigen „Wirklichkeiten", die wir von unserem Kulturkreis übernommen haben, einschränken zu lassen. Wir haben die Wahl, diesen Augenblick als die einzige Zeit, die es gibt, zu erfahren und in einer Wirklichkeit des *Jetzt* zu leben.

Da unser Geist grenzenlos ist, ist er mit dem Geist aller Menschen verbunden. Tatsächlich gibt es für ihn nur die Begrenzungen, die wir ihm auferlegen. Wenn wir beispielsweise einen Wert darin sehen, eine Vergangenheit voller Angst „wahr" zu machen, dann begrenzen wir unseren Geist dahingehend, daß er sie als

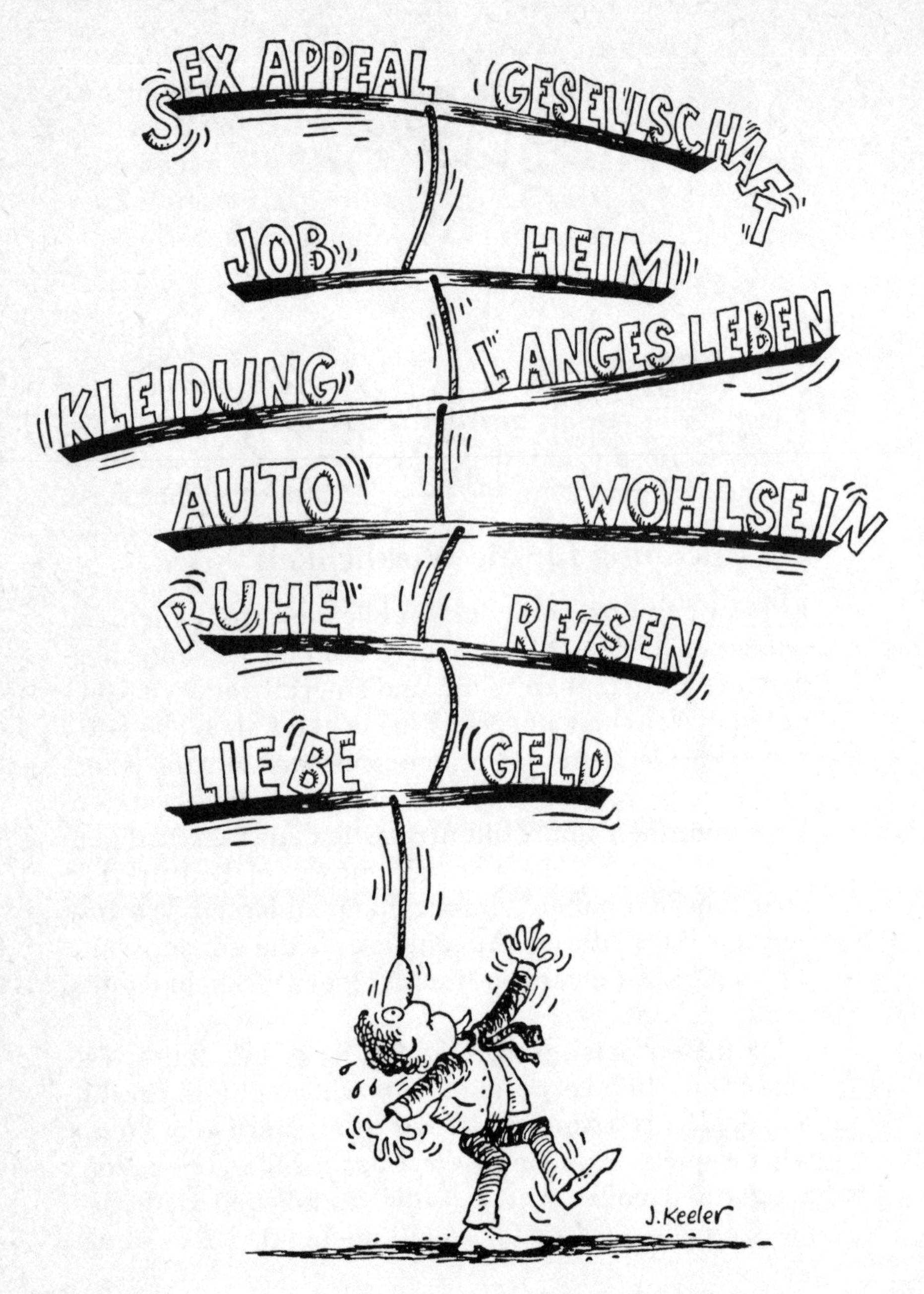

SEX APPEAL
GESELLSCHAFT
JOB
HEIM
KLEIDUNG
LANGES LEBEN
AUTO
WOHLSEIN
RUHE
REISEN
LIEBE
GELD
J. Keeler

unsere Wirklichkeit einsetzt. Folglich kann er nur voller Angst allem Kommenden harren und keinen Augenblick innehalten, um die Gegenwart in Frieden zu genießen. Wenn wir Worte wie *kann nicht* oder *unmöglich* gebrauchen, haben wir uns die alten Beschränkungen einer angsterfüllten Vergangenheit auferlegt.

Ein einziges Ziel

Geistiger Friede als unser einziges Ziel ist die stärkste Motivation, die wir haben können. Um zu innerem Frieden zu gelangen, müssen wir ihn konsequent als unser einziges Ziel verfolgen. Anstatt ein einziges Ziel zu haben, sind wir alle versucht, mit einer Vielfalt von Zielen zu jonglieren. Das Jonglieren kann nur bewirken, daß unsere Konzentration abgelenkt wird und unsere Konflikte zunehmen. Wir können uns die Beharrlichkeit, nur dieses eine Ziel im Kopf zu haben, erreichbarer machen, wenn wir uns an das Ziel erinnern, das wir hätten, wenn wir uns plötzlich im Ozean ertrinkend wiederfinden würden. In der Situation würden wir unsere gesamte Aufmerksamkeit dem einen Ziel widmen, über Wasser zu bleiben und um unser Leben zu atmen.

Innerer Friede durch Vergebung

Wenn wir inneren Frieden als einziges Ziel haben, wird Vergeben unsere einzige Aufgabe. Vergebung ist das Mittel zur Korrektur unser falschen Wahrnehmungen und um uns zu helfen, unsere Angst loszuwerden. Einfach ausgedrückt, Vergeben ist Loslassen.

Der erste Schritt der Umschulung unseres Geistes ist, inneren Frieden als unser einziges Ziel zu stecken. Das bedeutet, über uns selbst zuerst im Sinne von Selbsterfüllung, und nicht Selbsttüchtigkeit, zu denken. Der zweite Schritt ist Vergeben.

Viele von uns werden frustriert, wenn wir Fehler machen und als ersten Schritt versuchen, andere zu lieben. Manche Menschen erscheinen von unseren alten verzerrten Werten und Erfahrungen her gesehen einfach nicht als liebenswert. Aufgrund unserer fehlerhaften Wahrnehmung ihres Verhaltens, ist es schwierig, sie zu lieben.

Wenn wir inneren Frieden als einziges Ziel haben, können wir den zweiten Schritt tun, vergeben und es vorziehen, andere als Liebe anbietend anzusehen, oder als ängstlich und um Hilfe in Form von Liebe rufend. Mit dieser neuen Wahrnehmung wird es leichter, andere Menschen gänzlich zu lieben und zu bejahen, und daher gleichzeitig inneren Frieden zu erleben.

Andere Menschen brauchen sich nicht zu verändern, damit wir inneren Frieden erleben können.

Der Verstand als gespalten angesehen

Es kann von Nutzen sein, wenn wir uns den Verstand als den Film, die Filmkamera, und alles was sonst mit Filmproduktion zu tun hat, vorstellen. Was wir erleben, ist tatsächlich unser eigener Geisteszustand nach außen auf eine Leinwand projiziert, die wir „Welt" nennen. Diese Welt und ihre Menschen werden wirklich zum Spiegel unserer Gedanken und Phantasien.

Unser Geist funktioniert, als wäre er gespalten; ein Teil verhält sich, als wäre er vom Ego regiert, der andere wie von der Liebe geleitet.

Das Ego dreht nur Filme über Kriege und Konflikte, obwohl sie durch geschickte Verkleidungen wie die Verwirklichung unserer romantischen Phantasien erscheinen. In Wirklichkeit produziert es nur Filme, die die Illusion erzeugen, daß wir alle voneinander getrennt sind. Unser wahrer Regisseur, die Liebe, schafft keine Illusionen, sondern verbreitet nur die Wahrheit. Sie produziert Filme, die verbinden und vereinen.

Unser Geist ist tatsächlich der Regisseur, der Produzent, der Drehbuchautor, der Cutter, die Besetzung, der Vorführer, das Publikum und die Kritiker. Da unser Geist grenzenlos ist, hat er die Fähigkeit, den Film und alles, was damit zusammenhängt, jederzeit zu ändern. Er hat die Macht, sämtliche Entscheidungen zu treffen.

Der Teil unseres Geistes, der vom Ego regiert wird, ist wie ein Vorhang aus Angst und Schuldgefühlen, der die Liebe ausschließt. Wir können lernen, unseren Geist so zu steuern, daß er diesen Vorhang öffnet und das Licht der Liebe enthüllt, die immer dagewesen ist und unsere wahre Wirklichkeit bleibt.

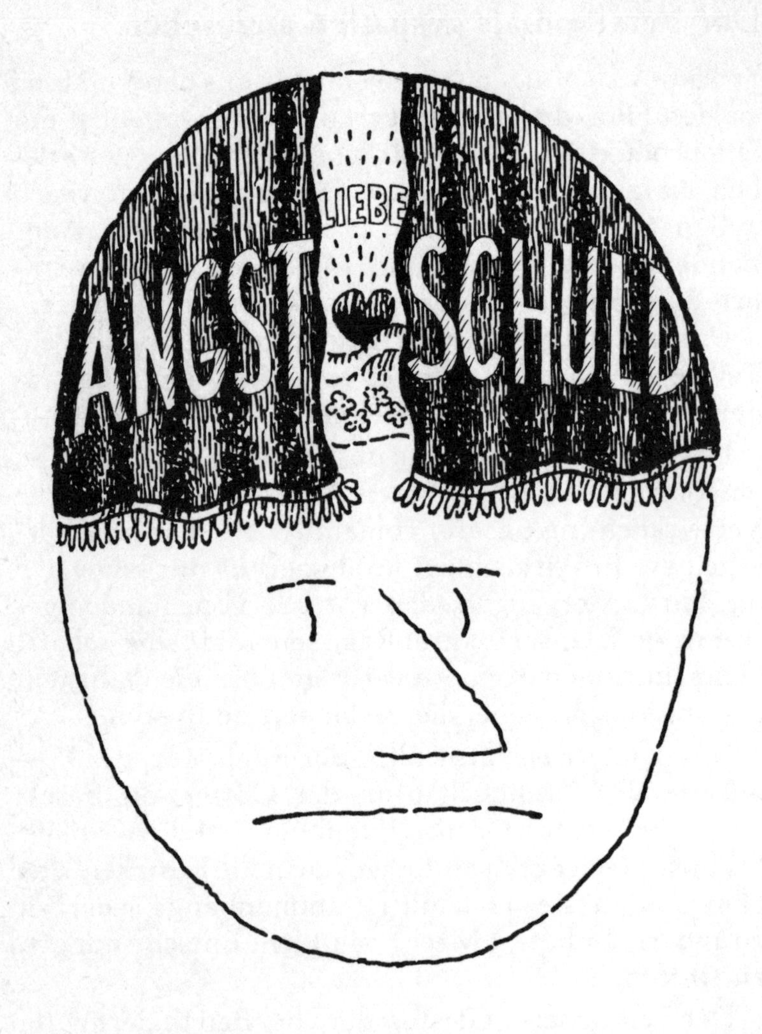

Wenn wir nur die Liebe als Regisseur unseres Geistes wählen,

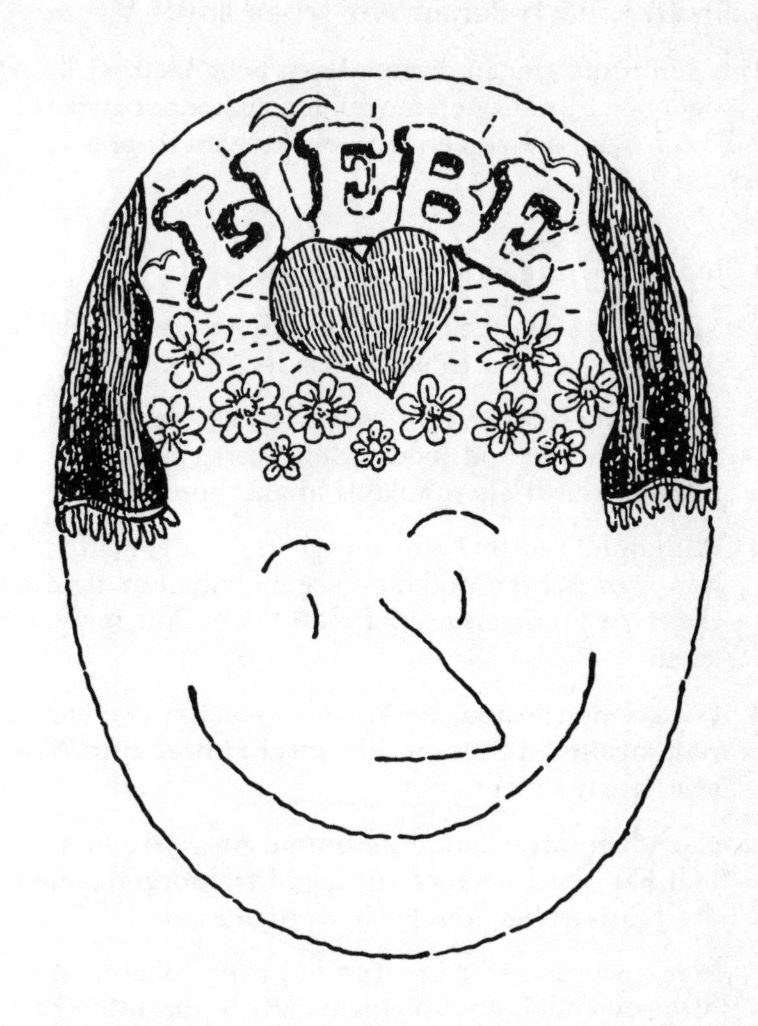

können wir die Macht und das Wunder der Liebe erleben.

Leitsätze, nach denen wir leben sollten

Um den Stoff, der in diesem Buch behandelt wird, in alltäglichen Situationen anwenden zu können, wird es hilfreich sein, die folgenden Leitsätze im Kopf zu behalten:

1. Innerer Friede ist unser einziges Ziel.
2. Vergebung ist unsere einzige Aufgabe und zugleich der Weg, wie wir inneren Frieden erlangen.
3. Durch Vergebung können wir lernen, andere nicht zu beurteilen und jeden Menschen einschließlich unserer selbst als schuldlos anzusehen.
4. Wir können unsere Angst verlieren, indem wir aufhören zu richten und die Vergangenheit in die Zukunft zu projizieren, und stattdessen nur im Jetzt leben.
5. Wir können lernen, die Anweisungen unserer inneren, intuitiven Stimme, die unser Führer zum Wissen ist, zu akzeptieren.
6. Nachdem unsere innere Stimme Anweisungen erteilt hat, wird sie auch für die Mittel sorgen, damit das Notwendige geschafft werden kann.
7. Wenn wir unserer inneren Führung folgen, ist es oft notwendig, uns zu einem ganz bestimmten Ziel zu bekennen, auch wenn die Mittel, dieses Ziel zu erreichen, nicht sofort offensichtlich sind. Dies ist eine Umkehrung der üblichen Logik der Welt und man könnte es „das Pferd am Schwanz aufzäumen" nennen.

8. Wir haben die Wahl zu bestimmen, was wir wahrnehmen und welche Gefühle wir erleben.

9. Durch geistige Umschulung können wir die positive, aktive Imagination erlernen. Diese befähigt uns, positive, liebevolle Filme in unserem Geist zu entwickeln.

Diesen Tag will ich
in vollkommenem Frieden verbringen.

TEIL II

BESTANDTEILE DER PERSÖNLICHEN VERÄNDERUNG

Ich sehe alle Dinge so, wie ich sie haben möchte.

Glaubenssysteme und Wirklichkeit

Wir sind, was wir glauben. Unser System von Vorstellungen und Meinungen, unser Glaubenssystem, basiert auf alten Erfahrungen, die in der Gegenwart immer neu belebt werden, sowie auf der Erwartung einer Zukunft, die der Vergangenheit entspricht. Unsere jetzigen Wahrnehmungen sind so durch die Vergangenheit gefärbt, daß wir unfähig sind, die unmittelbaren Geschehnisse in unserem Leben ohne Entstellungen und Einschränkungen zu sehen. Wenn wir willens sind, können wir aber überdenken, wer wir zu sein glauben, um ein neues und tieferes Gefühl für unsere wahre Identität zu bekommen.

Wir sind alle unbegrenzt

Um dieses Gefühl vollkommener Freiheit zu erleben, ist es notwendig, uns von dem Haften an Vergangenheit und Zukunft zu lösen und uns zu entscheiden, im *Jetzt* zu leben. Frei zu sein bedeutet außerdem, nicht an eine Realität gefesselt zu sein, die anscheinend durch unsere physischen Sinne begrenzt ist. Frei zu sein ermöglicht es uns, an der Liebe teilzuhaben, die wir mit allen teilen. Solange wir unseren Geist nicht disziplinieren und umtrainieren, können wir nicht frei sein.

Obwohl wir uns alle Liebe wünschen, scheinen viele von uns unfähig zu sein, sie zu erleben. Es sind unsere schuldbelasteten Ängste aus der Vergangenheit, die unsere Fähigkeit blockieren, Liebe in der Gegenwart zu geben und zu empfangen. Angst und Liebe können niemals gleichzeitig erlebt werden. Es steht uns immer frei zu wählen, welches der beiden Gefühle wir haben wollen. Wenn wir beharrlicher Liebe statt Angst wählen, können wir die Natur und die Qualität unserer Beziehungen verändern.

Angriff und Verteidigung

Wenn uns jemand angreift, wollen wir uns in der Regel verteidigen und finden — direkt oder indirekt — auch einen Weg zum Gegenangriff. Angriffe entstehen immer aus Angst oder aus Schuldgefühlen. Niemand greift an, ohne sich vorher bedroht zu fühlen und zu glauben, daß er durch seinen Angriff die eigene Macht demonstrieren kann, natürlich auf Kosten der Verletzlichkeit des anderen. Anzugreifen bedeutet in Wirklichkeit, sich zu verteidigen,, und wie bei allen Verteidigungen, die den Zweck haben, Angst und Schuldgefühle aus unserem Bewußtsein zu verdrängen, dient der Angriff in Wirklichkeit der Erhaltung des Problems. Die meisten von uns sind dem Glauben verhaftet, daß uns ein Angriff tatsächlich etwas bringt. Wir scheinen zu vergessen, daß anzugreifen oder sich zu verteidigen keinen inneren Frieden bringen wird.

Um Frieden statt Konflikt zu erfahren, ist es notwendig, unsere Wahrnehmung zu verändern. Anstatt Angriffe als solche zu bewerten, können wir sie auch als Ausdruck von Angst sehen. Wir drücken immer entweder Liebe oder Angst aus, und Angst ist in Wirklichkeit ein Hilferuf, und daher eine Bitte um Liebe. Wenn wir also inneren Frieden finden wollen, müssen wir begreifen, daß wir die Wahl haben zu entscheiden, was wir wahrnehmen.

Viele unserer Versuche, andere zu korrigieren — selbst wenn wir glauben, konstruktive Kritik zu üben — sind in Wirklichkeit Angriffsversuche, mit denen wir ihnen klarmachen wollen, daß wir im Recht und sie im Unrecht sind. Es kann nützlich sein, unsere Motive zu überprüfen. Bringen wir jemandem Liebe bei, oder zeigen wir uns angreifend?

Wenn andere sich nicht unseren Erwartungen gemäß ändern, halten wir sie gerne für schuldig, und verstärken damit unseren eigenen Glauben an die Existenz von Schuld. Innerer Friede stellt sich dann ein, wenn wir aufhören, andere verändern zu wollen und sie einfach so akzeptieren, wie sie sind. Ein echtes Akzeptieren ist immer frei von Forderungen und Erwartungen.

Vergebung

Innerer Frieden kann nur erreicht werden, wenn wir Vergebung praktizieren. Vergeben bedeutet, die Vergangenheit loszulassen und ist daher das Mittel, um unsere falsche Sicht der Dinge zu korrigieren.

Unsere falsche Wahrnehmung kann nur jetzt korrigiert werden und zwar nur dadurch, daß wir uns von all den Gedanken darüber lösen, was andere Menschen uns angetan haben oder was wir glauben, ihnen angetan zu haben. Durch selektives Vergessen werden wir frei, die Gegenwart mit offenen Armen aufzunehmen, ohne daß wir die Vergangenheit immer wieder aufrühren müssen.

Durch echtes Vergeben können wir den endlosen Teufelskreis der Schuldgefühle durchbrechen und uns und andere mit Liebe betrachten. Vergebung hebt alle Gedanken, die uns voneinander zu trennen scheinen, auf. Ohne die Vorstellung, abgetrennt zu sein, können wir unsere eigene Heilung bejahen und heilende Liebe an alle, die uns umgeben, verbreiten. Heilung entsteht aus dem Gedanken der Zusammengehörigkeit. So wie wir inneren Frieden als unser einziges Ziel erkannt haben, wird Vergebung unsere einzige Aufgabe. Wenn wir mit diesem Ziel sowie dieser, unserer Aufgabe einverstanden sind, werden wir sehen, daß unsere innere Stimme der Intuition zum alleinigen Führer zur Erfüllung wird. Wir sind erlöst, so, wie wir die anderen aus dem Kerker unserer verzerrten und illusorischen Wahrnehmungen erlösen und uns mit ihnen in der Einheit der Liebe verbinden.

Empfangen und Geben

Es ist wichtig, sich daran zu erinnern, daß wir jetzt alles haben, was wir brauchen, und daß die Essenz unseres Wesens Liebe ist. Solange wir meinen, von jemandem etwas bekommen zu müssen, werden wir den Betreffenden lieben, wenn wir empfangen, was wir haben zu wollen glauben. Und wir werden ihn hassen, wenn dies nicht geschieht. Wir pflegen häufig Haß-Liebe-Beziehungen, in denen wir mit an Bedingungen geknüpfter Liebe handeln. Diese Haltung des Habenwollens führt zu Konflikt und Depression und existiert nur in Verbindung mit der linearen Zeit. Geben bedeutet, seine Liebe ohne Bedingungen, ohne Erwartungen, ohne Grenzen zu verbreiten. Innerer Friede stellt sich daher ein, wenn unser ganzes Streben darauf gerichtet ist, zu geben, und wir kein Verlangen mehr haben, irgendetwas von einem anderen Menschen zu bekommen oder ihn zu ändern. Die Haltung des Gebens führt zu einem Gefühl des inneren Friedens und der Freude, das zeitlos ist.

Die Umschulung des Geistes

Vergiß nicht, dir beim Umschulen deines Geistes in allen Situationen, seien sie privater oder zwischenmenschlicher Natur, folgende Fragen zu stellen:

1. Will ich *Seelenfrieden* oder *Konflikt* erleben?
2. Will ich *Liebe* oder *Angst* erleben?
3. Will ich im anderen *Liebe* entdecken oder *Fehler?*
4. Will ich *Liebe Gebender* oder *Liebe Suchender* sein?
5. Bin ich in meiner Kommunikation (verbal oder non-verbal) liebevoll zu dem anderen und zu mir selbst?

Viele unserer Gedanken, Aussagen und Handlungen sind nicht liebevoll. Wenn wir Seelenfrieden finden wollen, ist es wesentlich, daß unsere Kommunikation mit anderen ein Gefühl des Verbundenseins erzeugt. Um inneren Frieden zu finden und Liebe zu erfahren, müssen wir konsequent sein, in dem was wir denken, sprechen und tun.

WORTE,
DIE UNS IN DER
VERGANGENHEIT
FESTHALTEN
J.Keeler

Auszumerzende Worte

Ein weiterer Prozeß der Umschulung unseres Geistes betrifft die Erkenntnis der Auswirkung von Worten, die wir gebrauchen. Die Worte der folgenden Liste verwenden wir gewöhnlich in Botschaften, die wir uns selbst und anderen zukommen lassen. Der Gebrauch dieser Worte sorgt dafür, daß eine Vergangenheit voller Schuldgefühle und eine Zukunft voller Angst weiterhin in uns lebendig bleiben. Das Ergebnis ist, daß unser Gefühl von Konflikt nur noch verstärkt wird. Je klarer wir erkennen, daß der Gebrauch dieser Worte unseren inneren Frieden beeinträchtigt, desto leichter wird es uns fallen, sie aus unseren Gedanken und Sprachgewohnheiten auszumerzen. Vielleicht hilft es dir, einen imaginären Müllbeutel in deinem Kopf bereitzuhalten und jedesmal, wenn du eines dieser Worte gebrauchst, malst du dir aus, wie du das Wort in den Müllbeutel tust und ihn dann vergräbst.

Es ist wichtig, immer gütig mit dir selbst umzugehen. Wenn du merkst, daß du wieder einmal eines dieser Worte gebraucht hast, so nimm zur Kenntnis, daß du einen Fehler gemacht hast, korrigiere ihn und beschließe, wegen eines gemachten Fehlers kein Schuldgefühl aufkommen zu lassen.

KANN NICHT . . .
UNMÖGLICH . . . .
KANN NICHT. . . .
UNMÖGLICH . .
KANN NICHT. .
UNMÖGLICH
VERGANGENHEIT
ZUKUNFT
EIN
J. Keeler

Hier sind die Worte:

unmöglich

kann nicht

versuchen

Beschränkung

wenn nur

aber

jedoch

schwierig

sollte

könnte

Zweifel

alle Worte, die dich oder andere kategorisieren

alle Worte, die eine Bewertung oder Einschätzung deiner selbst oder anderer Personen darstellen

alle Worte, die dich oder jemand anders richten oder verurteilen

Schlußfolgerung

Dieses Buch stellt Leitlinien auf, wie man sich von Angst lösen und inneren Frieden finden kann. Ihre praktische Anwendung kann unsere Wahrnehmung so verändern helfen, daß wir uns nicht mehr getrennt, ängstlich und im Konflikt befindlich fühlen, sondern eher Verbundenheit, Liebe und Frieden empfinden. Innerer Friede stellt sich ein, wenn wir lernen, der Welt und den Menschen zu vergeben und alle Menschen — uns selbst eingeschlossen — frei von Schuld anzusehen.

Jeder Augenblick unseres Lebens ist eine gegenwärtige Gelegenheit zu einem Neuerwachen oder einer Wiedergeburt, ohne die nebensächliche Einmischung von Erinnerungen aus der Vergangenheit oder von ängstlicher Erwartung der Zukunft. In der Freiheit dieses gegenwärtigen Augenblicks können wir unsere angeborene, liebevolle Natur ausbreiten.

Sind wir aber verunsichert, deprimiert, verärgert oder krank, so können wir sicher sein, daß wir das falsche Ziel gewählt haben und aus Angst heraus reagieren. Wenn wir keine Freude empfinden, haben wir vergessen, inneren Frieden als unser einziges Ziel beizubehalten und kümmern uns mehr darum zu empfangen anstatt zu geben.

Durch das konsequente Wählen der Liebe anstelle der Angst, können wir eine persönliche Veränderung erleben, die uns befähigt, uns selbst und anderen gegenüber natürlich liebevoller zu sein. Auf diese Weise können wir beginnen, die Liebe und Freude zu erkennen, die uns verbindet.

Zusammenfassung

1. Ein Hauptzweck der Zeit ist es, uns zu ermöglichen das zu wählen, was wir erfahren wollen. *Wollen wir Frieden oder Konflikt erleben?*

2. Der Geist aller Menschen ist verbunden und ist eins.

3. Was wir mit unseren physischen Sinnen wahrnehmen, gibt uns eine begrenzte und verzerrte Ansicht der Wirklichkeit.

4. Wir können die äußere Welt eigentlich nicht verändern, noch können wir andere Menschen verändern. Wir *können* verändern, wie wir die Welt, uns selbst und andere wahrnehmen.

5. Es gibt nur zwei Emotionen; die eine ist Liebe, die andere ist Angst. Die Liebe ist unsere wahre Wirklichkeit. Die Angst wird vom Verstand erfunden und ist daher unwirklich.

6. Was auch immer wir erleben ist unser eigener Geisteszustand, nach außen projiziert. Wenn wir innerlich voller Wohlbefinden, Liebe und Harmonie sind, wird dies auch projiziert und folglich erfahren. Wenn wir innerlich voller Angst, Zweifel und Sorge um Krankheit sind, so werden wir auch diesen Zustand nach außen projizieren, und er wird daher unsere erfahrbare Wirklichkeit sein.

Vergebung macht allem Leid und allem Verlust ein Ende.

TEIL III

LEKTIONEN ZUR PERSÖNLICHEN VERÄNDERUNG

J. Keeler

Wie man mit den Lektionen umgeht

Die einzelnen Grundsätze und Richtlinien dieses Buches gewinnen persönliche Bedeutung durch die praktische Anwendung der täglichen Lektionen. Du magst einige von ihnen nur schwer akzeptieren können oder Mühe haben, ihre Tragweite in Bezug auf Probleme zu sehen, die du in deinem eigenen Leben zu bewältigen hast. Solche Unsicherheiten sind nicht sehr wichtig. Jedoch deine Bereitschaft, sämtliche Lektionen ohne Ausnahme anzuwenden, ist wichtig. Die Erfahrung, die aus den Übungen wächst, bringt dich deinem Ziel größeren persönlichen Glückes näher. Denk daran, daß Bereitwilligkeit noch nicht die Meisterung einschließt, sondern lediglich die Bereitschaft, die eigene Wahrnehmung zu verändern.

Vorschläge, um maximalen Nutzen aus den Lektionen zu ziehen:

1. Entspanne dich jeden Morgen gleich nach dem Erwachen und mache von deiner aktiven Imagination Gebrauch. Versetze dich in deiner Vorstellung irgendwohin, wo du dich wohlfühlst, wo du entspannt und zufrieden bist.

2. Beginne mit Lektion 1 und arbeite die Lektionen der Reihe nach durch, jeden Tag eine. Verbringe einige Minuten dieses entspannten Zustandes damit, die Titel der Lektionen und die dazugehörigen Gedanken einige Male zu wiederholen und lasse sie zu einem Teil von dir werden.

3. Stelle dir jeden Tag die Frage „WILL ICH *INNEREN FRIEDEN* ODER *KONFLIKT* ERLEBEN?"

4. Schreibe den Titel der Lektion auf ein Kärtchen und behalte dieses bei dir. Wiederhole dieses Thema in regelmäßigen Abständen den ganzen Tag und Abend über und wende jede Lektion allen und allem gegenüber an, ohne Ausnahme.

5. Bevor du schlafen gehst, entspanne dich wieder und nimm dir einige Minuten Zeit für die Wiederholung der Tageslektion. Frage dich, ob du bereit wärest, diese Ideen als Teil deiner Träume zu erleben.

6. Dein Lernprozeß wird begünstigt, wenn du, nachdem du sämtliche Lektionen durchgearbeitet hast, wieder bei Lektion 1 beginnst und die ganze Serie noch einmal wiederholst.

7. Diese Übungen solltest du solange beibehalten, bis du findest, daß du über die Lektionen nachdenkst und sie konsequent anwendest, ohne sie nachlesen zu müssen.

LEKTION I

ALLES WAS ICH GEBE, WIRD MIR GEGEBEN

LIEBE
J. Keeler

Alles was ich gebe, wird mir gegeben

Geben bedeutet Empfangen ist das Gesetz der Liebe. Diesem Gesetz gemäß gewinnen wir etwas, wenn wir unsere Liebe an andere verschenken und erhalten das, was wir geben, zugleich zurück. Das Gesetz der Liebe basiert auf Überfluß. Wir sind ständig durch und durch von Liebe erfüllt und unser Vorrat an Liebe ist in Fülle und Überfluß vorhanden. Wenn wir anderen unsere Liebe ohne jede Bedingung und Erwartung schenken, dann wächst die Liebe in uns, breitet sich aus und vereint uns mit den anderen. Wenn wir also unsere Liebe auf diese Weise geben, vergrößern wir sie in uns und alle haben etwas davon.

Das weltliche Gesetz andererseits besagt, daß wir verlieren, was wir weggeben. Wenn wir etwas weggeben, haben wir es nicht mehr und erleiden Verlust.

Diese Auffassung basiert auf dem Glauben an Mangel. Sie behauptet, daß wir nie wirklich zufrieden sind. Wir fühlen uns dauernd leer, während wir weiterhin vergebens Erfüllung anstreben — durch die Suche nach Liebe und Frieden in jenen äußerlichen Erscheinungen, die wir als begehrenswert anzusehen gelernt haben.

Das Problem ist natürlich, daß uns nichts in der äußerlich erfahrbaren Welt dauernd und vollständig befriedigen wird. Unter dem weltlichen Gesetz suchen wir unablässig, ohne jemals zu finden. Wir glauben häufig, unser innerer Brunnen sei leer und wir befinden uns in einem Notstand. Wir versuchen dann, unsere imaginären Bedürfnisse durch andere Menschen zu befriedigen.

Wenn wir aber von anderen erwarten, daß sie unsere Wünsche erfüllen und sie uns enttäuschen, wie sie es unweigerlich werden, dann sind wir in Nöten. Diese Not kann sich als Frustration, Enttäuschung, Wut, Depression oder Krankheit äußern, mit dem Ergebnis, daß wir uns in einer Falle gefangen fühlen, eingeschränkt, zurückgewiesen oder angegriffen.

Wenn wir uns ungeliebt, deprimiert oder innerlich leer fühlen, ist es keine wirkliche Lösung, jemanden zu finden, der uns Liebe gibt. Was hilft, ist jemand anderen völlig und ohne Erwartungen zu lieben. Diese Liebe wird dann gleichzeitig uns selbst gegeben und der andere braucht sich nicht zu verändern oder uns etwas zu geben.

J. Keeler

J. Keeler

Die verzerrte herrschende Auffassung ist, daß du Liebe von anderen Menschen bekommen mußt, bevor du Liebe in dir fühlen kannst. Das Gesetz der Liebe unterscheidet sich von diesem weltlichen Gesetz. Das Gesetz der Liebe besagt, daß du Liebe bist und, indem du Liebe gibst, lehrst du dich, was du bist.

Laß dich heute das Gesetz der Liebe lernen und erfahren. Mein Glaube, jemandem etwas anderes geben zu können als das, was ich für mich selbst wünsche, war ein Irrtum. Da ich Frieden, Liebe und Vergebung erfahren möchte, sind dies auch die einzigen Geschenke, die ich anderen machen kann. Es ist kein Altruismus, wenn ich anderen Vergebung und Liebe anbiete, anstatt sie anzugreifen. Vielmehr ist Liebe anzubieten die einzige Weise, in der ich selbst Liebe annehmen kann.

Beispiel A

Folgendes ist ein Brief von Rita, einer Freundin, die ich im Herbst 1978 kennenlernte. Rita rief mich an, um mich um Hilfe für ihre halbwüchsige Tochter Tina zu bitten, die Leukämie hatte. Tina starb im Januar 1979. Rita hat mir erlaubt, diesen Brief weiterzugeben, der für mich mit Schönheit und Klarheit die Essenz der heutigen Lektion ausdrückt:

Alles was ich gebe, wird mir gegeben.

Lieber Jerry,

ich hoffe du hast nichts dagegen, Empfänger dieser Briefe zu sein, die mein Weg sind, meine Gedanken auszudrücken, so wie sie aus einer tiefen, bisher unberührten Quelle zu strömen beginnen.

Du weißt als Therapeut, daß diese Ausdrucksform, wenn schon nichts anderes, so doch eine therapeutische Wirkung haben kann.

Seitdem ich dir zuletzt schrieb, scheinen sich neue kleine Fäden in mein Lebensgefüge einzuweben.

Am 22. Februar besuchte ich einen Vortrag von Frau Dr. Elisabeth Kübler-Ross. Es versteht sich von selbst, daß es ein echtes Erlebnis war. Man konnte kaum ungerührt oder unbewegt von dannen gehen. Sie berührte einige schmerzhafte Punkte, und einige Passagen ihres Vortrages waren schwierig zu ertragen. Aber ihre Worte, ihre Weltanschauung und ihr Tun haben einen bleibenden Eindruck bei mir hinterlassen und ich spüre, daß das was ihr — du und sie — tut, das ist, „worum es eigentlich geht".

Um die Reihe der Ereignisse, die geschehen, fortzusetzen, am nächsten Tag passierte folgendes: Ich beschloß diesen einen Tag arbeiten zu gehen. In einer Pause ging ich zu einer kleinen Einkaufspassage, die ich meistens aufsuche. Aber auf dem Weg dorthin bemerkte ich einen Buchladen, der vorher nicht dagewesen war. Ich wunderte mich, woher er entsprungen sein mochte. Ich mußte einfach hineinschauen. Ich fragte, wie lange der Laden schon existiere und man antwortete mir, seit einem Monat. Ich schaute mich um und bemerkte einige Bücher, die noch nicht im Regal standen. Eines davon war ein Buch, von dem ich schon gehört hatte und das ich eines Tages lesen wollte. Ich beschloß, es zu kaufen. Es war von Ruth Montgomery und hieß *Eine jenseitige Welt*. Ich kann es nicht in Worte fassen, wie mich dieses Buch traf. Das ist eine Geschichte für sich. Aber ich begann, mein Leben noch einmal zu betrachten und zu überlegen, wo mich das alles hinführen würde. Aber wie du sagtest, wenn die Frage einen Konflikt in mir hervorruft, dann wird sie mir nichts Gutes bringen. Deshalb vertiefte ich mich nicht in das Warum und Wozu. Stattdessen las ich deinen Brief noch einmal und dachte über die Zeile nach, wo du sagtest, eine der besten Methoden, mit dem was ich durchmachte (Trauer) klarzukommen, wäre jemanden zu finden, dem ich helfen könnte.

Ich brauchte nicht hinaus zu gehen und jemanden suchen, ja nicht einmal mein Hirn anzustrengen. Ich wußte die ganze Zeit über sehr genau, wem ich helfen sollte.

Ich will dir die Geschichte so kurz wie möglich erzählen.

Vor ungefähr einem Jahr begann meine Tochter Tina erste Anzeichen einer Krankheit zu zeigen. Zur gleichen Zeit lag auch ein anderes junges Mädchen von ungefähr zwanzig Jahren, das zwei Türen weiter wohnte und das ich seit fünfzehn Jahren kenne, mit einer noch unerkannten Krankheit zu Bett. Die Mutter des Mädchens und ich sprachen miteinander über unsere Probleme und unsere Ängste in Bezug auf den Zustand unserer Töchter. Etwas später, als Tinas Krankheit erkannt war, konnte sich die Frau nicht mehr überwinden mit mir zu sprechen. Sie sprach auch während der ganzen Zeit, als Tina noch lebte, nicht mehr mit mir. Als Tina starb, kam sie zum Rosenkranz, aber sprach kein einziges Wort. Wir wechselten einen wortlosen Blick. Sie kam zum Begräbnis und danach war sie eine der freundlichen Nachbarinnen, die mir Essen ins Haus brachten. Aber sie sprach während der ganzen Zeit nie. Ich wußte, ich war die „Wirklichkeit" dessen, was ihrer Tochter wiederfahren konnte. Deshalb hielt ich mich schließlich auch meinerseits fern, damit ich sie nicht daran erinnerte. Ich fragte immer die anderen Nachbarn, wie es ihr ginge, und erhielt meine Informationen aus zweiter Hand. Dann aber dachte ich an dich, deinen Brief und deine Worte. Ich dachte mir „warum nicht?“ Ich *fühlte etwas* für sie! Also ging ich zu ihr. Sobald sie mich sah, kam sie auf mich zu und wir umarmten uns. Es war natürlich! Wir wußten beide, wie sich die andere fühlte. Es war einfach schön! Ich fühlte mich so gut, als ich wieder ging. Ich wunderte mich, warum ich solange für diese paar Schritte bis zu ihrem Haus gebraucht hatte. Ich glaube, daß ich bis zu diesem Zeitpunkt einfach nicht soweit war.

Wieder muß ich feststellen, daß du mir — obwohl geographisch weit entfernt — geistig sehr nahe bist. Ich will das, was mir widerfährt, nicht in Frage stellen, sondern es annehmen und sehen, wohin es mich führt.

Friede dir, Jerry, jetzt und immer.

Deine
Rita

Beispiel B

Vor einigen Jahren hatte ich das Glück, einige Zeit mit Mutter Teresa in Los Angeles zu verbringen, die durch ihre Arbeit mit Armen und Sterbenden in Kalkutta und der ganzen Welt bekannt wurde. Ich wollte sie treffen, weil ich wußte, daß sie eine nahezu vollkommene Beständigkeit darin besaß, ein Leben des inneren Friedens zu führen und ich wollte von ihr lernen, wie sie es machte.

Wir sprachen über unsere beiderseitige Arbeit mit Menschen, die mit Situationen auf Leben und Tod konfrontiert waren. Ich verspürte in ihrer Gegenwart eine tiefe innere Ruhe. Die Kraft der Liebe, der Sanftmut und der Frieden, die von ihr ausgingen, sind schwer zu beschreiben. Dies war etwas, was ich in mir selbst erfahren und demonstrieren wollte.

Es war an dem Wochenende des 4. Juli als ich erfuhr, daß sie am Nachmittag nach Mexiko-City fliegen wollte. Ich fragte sie, ob ich mitkommen könne, weil ich noch mehr Zeit in ihrer Gegenwart verbringen wollte.

Sie lächelte gütig und meinte „Dr. Jampolsky, ich hätte nichts dagegen, wenn Sie mich auf meinem Flug nach Mexiko begleiten würden, aber Sie sagten, Sie wollten etwas über inneren Frieden lernen. Ich glaube, Sie erfahren mehr darüber, wenn Sie herausfinden, wieviel der Hin- und Rückflug nach Mexiko-City kostet, und dieses Geld den Armen geben."

Ich erkundigte mich nach den Kosten eines Fluges von Los Angeles nach Mexiko-City und retour, und gab diesen Betrag den Barmherzigen Brüdern in Los Angeles.

Die beeindruckende Lektion, die ich von Mutter Teresa lernte, war, daß ich nicht außerhalb meiner selbst nach Führung zu suchen brauchte, um herauszufinden, was ich tun sollte. Ich lernte, daß die Zeit zu geben immer jetzt ist — nicht später — und daß man inneren Frieden unmittelbar erlebt, wenn man ohne Erwartungen und Einschränkungen gibt. Ich begriff in diesem einen Augenblick, daß alles, was ich gebe, mir gegeben wird.

Heute will ich anderen nur die Geschenke geben, die ich selbst entgegennehmen möchte.

LEKTION 2

VERGEBUNG IST DER SCHLÜSSEL ZUM GLÜCK

STOP
J. Keeler

Vergebung ist der Schlüssel zum Glück

Innerer Friede kann nur erreicht werden, wenn wir Vergebung praktizieren. Vergebung ist das Mittel, unsere Wahrnehmungen zu verändern und uns von Ängsten, verdammenden Urteilen und Groll zu lösen.

Wir müssen uns dauernd daran erinnern, daß Liebe die einzige Wirklichkeit ist, die es gibt. Jede Wahrnehmung, die keine Liebe widerspiegelt, ist eine Fehlwahrnehmung. Vergebung wird also zu dem Mittel, um unsere falschen Wahrnehmungen zu korrigieren. Vergebung läßt uns nur die Liebe in anderen und uns selbst sehen, und sonst nichts.

Durch selektives Vergessen, dadurch, daß wir die gefärbte Brille abnehmen, die die angstdurchsetzte Vergangenheit auf die Gegenwart projiziert, beginnen wir zu erkennen, daß die Wahrheit der Liebe für immer gegenwärtig ist und daß wir, indem wir nur noch Liebe wahrnehmen, glücklich werden können. Vergebung wird dann ein Vorgang des Loslassens und Außerachtlassens dessen, was andere Leute uns scheinbar angetan haben oder was immer wir glauben, ihnen angetan zu haben.

Wenn wir Groll in uns hegen, lassen wir zu, daß unser Geist mit Angst genährt wird und wir werden zu Gefangenen dieser Verzerrungen.

Ein Geist, der nicht vergißt, ist, im Gegensatz zu dem vergebenden, verwirrt und voller Ängste. Er ist sich der Deutung seiner Wahrnehmung der anderen sicher, wie auch der Rechtmäßigkeit seines Ärgers und der Richtigkeit seiner urteilenden Bewertung. Der nichtvergebende Geist hält Vergangenheit und Zukunft starr für ein und dasselbe und sträubt sich gegen Änderungen. Er will nicht, daß die Zukunft anders als die Vergangenheit wird. Der nichtvergebende Geist sieht sich selbst als unschuldig, und andere als schuldig. Er gedeiht bei Konflikt und Rechthaberei und sieht in innerem Frieden seinen Feind. Er nimmt alles als von ihm getrennt wahr.

Wann immer ich jemand anderen für schuldig halte, verstärke ich mein eigenes Gefühl von Wertlosigkeit und Schuld. Ich kann mir selbst nicht vergeben, solange ich nicht bereit bin, anderen zu vergeben. Es spielt keine Rolle, was jemand mir scheinbar in der Vergangenheit angetan hat oder was ich glaube, Schlechtes getan zu haben. Nur durch Vergebung kann meine Befreiung von Schuld und Angst vollständig werden.

Beispiel

Das folgende ist eine persönliche Skizze, die einige Grundsätze über Fehlhandlungen und Vergebung verdeutlicht.

Eines Morgens brachte meine Sekretärin einen riesigen Stoß Rechnungen herein. Sie erinnerte mich daran, daß mein Einkommen wegen meines zunehmenden Zeitaufwandes für kostenlose Behandlungen sehr gesunken war. Sie erwähnte einen Mann, der mir vom letzten Jahr noch 500 Dollar für die Behandlung seiner Tochter schuldete und brachte in Erinnerung, wie gut und schnell seine Tochter auf das Arbeiten mit mir angesprochen habe. Schließlich meinte sie, daß sie genug davon hätte, diese Rechnung anzumahnen und ich sollte sie doch einer Inkassostelle übergeben.

Ich sagte ihr, daß ich noch nie eine Rechnung einer Inkassostelle übergeben hätte und das auch jetzt nicht vorhätte, aber daß ich über die Sache nachdenken würde. Als ich mir die unbezahlten Rechnungen ansah, die ich noch begleichen mußte, begann ich zu empfinden, was ich für gerechtfertigten Zorn hielt, und ich fand, daß ich ein Recht auf meinen Groll hatte. Schließlich hatte ich meinen Teil getan, und er und seine Tochter hatten aus der Arbeit mit mir Gutes erfahren. Ich wußte, daß es sich der Vater wohl leisten konnte, die Rechnung zu bezahlen und begann ihn für einen ziemlich miesen Typ zu halten, weil er es nicht tat. Ich beschloß, ihn noch an dem Nachmittag anzurufen.

Während ich über meiner täglichen Lektion des *Kurs der Wunder* meditierte, die „Vergebung ist der Schlüssel zum Glück" hieß, ging mir plötzlich das Bild dieses Mannes, der mir das Geld schuldete, durch den Sinn. Ich hörte eine innere Stimme sagen, ich solle die Vergangenheit und mein Verhaftetsein an das Geld aufgeben, solle Vergebung praktizieren und meine Beziehung zu ihm zum Guten lenken.

Ich rief ihn also an und erzählte ihm von meiner Meditation und meinem Entschluß, keine Mahnungen mehr zu schicken. Ich erzählte ihm auch von meinem vergangenen Ärger und meiner Entscheidung, nicht daran festzuhalten. Ich sagte, ich riefe ihn an, um meine Beziehung zu ihm zu bereinigen und daß das Geld kein Streitobjekt mehr für mich wäre. Es entstand eine lange Pause bevor er sagte „Nun, wenn ich ihre Rechnung nicht bezahle, wird es Gott sicherlich nicht tun."

Ich meinte, daß ich es für wichtig hielte, die Sache mit dem Geld und der Wut, die ich wegen der Rechnung gegen ihn hatte, zu vergessen und erklärte ihm, ich machte mich von dem Gedanken frei, daß er mich irgendwie verletzt habe.

Am anderen Ende herrschte noch einmal Schweigen, und dann wurde seine Stimme warm und liebevoll. Er dankte mir für meinen Anruf und sagte dann zu meiner Überraschung, er würde nächste Woche einen Scheck schicken (was er auch tat).

Eine Stunde später sprach ich die Mutter eines elfjährigen Mädchens, das Wirbelsäulenkrebs hatte und in einer der Gruppen in unserem Zentrum war. Die Mutter hatte Sozialhilfe erhalten, aber aufgrund vieler Schwierigkeiten gelang es ihr nicht, Geld von dieser oder einer anderen Stelle aufzutreiben. Ihr Wagen war repariert worden und wartete in der Werkstatt auf sie, aber sie konnte die Reparaturkosten von 70 Dollar nicht bezahlen. Wegen des Problems mit dem Wagen hatte sie wichtige Termine für die chemotherapeutischen Behandlungen ihrer Tochter versäumt. Meine innere Stimme sagte: „Gib ihr die 70 Dollar, da du gerade Geld entdeckt hast, von dem du nicht einmal wußtest, daß du es hast." Als ich dies tat, empfand ich inneren Frieden. Ich bin immer noch erstaunt, wie schnell ich inneren Frieden erfahre, sobald ich aufhöre, an dem alten Glauben festzuhalten, daß jemand schuldig und jemand unschuldig sein muß.

Heute will ich die alten, falschen Wahrnehmungen über mich selbst und andere aufgeben. Stattdessen will ich mit jedem verbunden sein und sagen: Ich sehe dich und mich nur im Lichte echten Vergebens.

LEKTION 3

ICH BIN NIEMALS AUS DEM GRUNDE VERSTIMMT, DEN ICH ANNEHME

J. Keeler

Ich bin niemals aus dem Grunde verstimmt, den ich annehme

Die meisten von uns haben ein Vorstellungssystem, das auf den Erfahrungen der Vergangenheit und auf der Wahrnehmung durch die physischen Sinne beruht. Ist dir jemals der Gedanke gekommen, daß wir immer das wahrnehmen, was wir glauben? Oder, wie es der Komiker Flip Wilson ausdrückte, „Was du siehst ist was du kriegst."

Da unsere physischen Sinne anscheinend Informationen aus der Außenwelt an unser Gehirn weiterleiten, mögen wir glauben, daß unser Geisteszustand gänzlich von diesen Rückmeldungen kontrolliert wird. Dieser Glaube trägt dazu bei, daß wir uns als getrennte Wesen empfinden, die weitgehend isoliert sind und sich in einer lieblosen, bruchstückhaften Welt einsam fühlen. Dies kann den Eindruck in uns hinterlassen, daß die Welt, die wir wahrnehmen, der Grund ist, wenn wir verstimmt, deprimiert oder voller Spannungen und Ängste sind. Ein solches Vorstellungssystem geht davon aus, daß die Außenwelt die Ursache ist, und wir die Wirkung. Überlegen wir einmal die Möglichkeit, daß diese Art zu denken verdreht und umgekehrt ist.

Was würde geschehen, wenn wir annehmen, daß das, was wir erleben, durch die Gedanken in unserem Kopf bestimmt wird? Vielleicht können wir einmal eine Vorstellung in Betracht ziehen, die uns im Augenblick unnatürlich und fremd vorkommen mag, nämlich, daß unsere Gedanken die Ursache sind und das, was wir wahrnehmen, das Bewirkte. Es würde dann keinen Sinn ergeben, der Welt und unseren Mitmenschen die Schuld zu geben für das Elend und die Schmerzen, die uns widerfahren, denn es wäre dann möglich, Wahrnehmung als „Spiegel und nicht als Tatsache" zu betrachten.

Überlege noch einmal, daß der Verstand wie ein Kinoprojektor sein könnte, der unseren inneren Zustand nach außen auf die Welt projiziert. Wenn unser Kopf voller verstimmender Gedanken ist, so sehen wir die Welt und ihre Menschen als geeignet an, uns zu verstimmen. Ist andererseits unser Verstand friedlich, dann erscheinen uns die Welt und ihre Menschen friedvoll. Wir haben die Wahl, am Morgen zu erwachen und eine freundliche Welt zu erblicken, mittels einer Brille, die alles außer Liebe ausfiltert.

Es kann von Nutzen sein, unser Bedürfnis nach Kontrolle der Außenwelt zu hinterfragen. Wir könnten stattdessen beständig unsere innere Welt kontrollieren, indem wir wählen, welche Gedanken wir im Kopf haben wollen. Seelenfrieden beginnt bei unsereren eigenen Gedanken und geht von da aus nach außen. Aus unserem Seelenfrieden (Ursache) entsteht eine friedvolle Wahrnehmung der Welt (Wirkung).

Wir haben alle die Macht, unseren Verstand zu lenken, um Gefühle wie Verärgerung, Depression und Angst durch das Gefühl inneren Friedens zu ersetzen. Ich bin versucht zu glauben, daß ich aufgrund dessen aufgebracht bin, was andere Menschen tun, oder aufgrund von Umständen und Ereignissen, die außer meiner Kontrolle zu liegen scheinen. Ich kann Verstimmung in Form von Wut, Eifersucht, Ressentiment oder Depression empfinden. In Wirklichkeit aber stellen all diese Gefühle eine Angst dar, die ich spüre. Wenn ich erkenne, daß ich immer die Wahl habe, statt ängstlich zu sein Liebe zu empfinden, indem ich Liebe an andere verbreite, gibt es keinen Grund mehr für mich, verstimmt zu sein.

Beispiel

Jahrelang wurde ich von chronischen behindernden Rückenschmerzen geplagt. Während all dieser Jahre war ich nicht fähig Tennis zu spielen, im Garten zu arbeiten oder viele andere Dinge zu tun, die ich gerne tat. Ich wurde mehrere Male stationär behandelt und einmal wollte der Neurochirurg operieren, an dem, was man einen organischen Wirbelsäulenschaden nennt, eine degenerierte Bandscheibe. Ich entschied mich gegen den Eingriff.

Ich glaubte, daß ich wegen der Schmerzen und dem Elend, das sie mir bereiteten, verstimmt war. Eines Tages schien eine kleine Stimme in mir zu sagen, daß ich — obwohl ich ein organisches Wirbelsäulensyndrom hatte — meine eigenen Schmerzen verursachte. Es wurde mir klar, daß meine Rückenschmerzen schlimmer wurden, wenn ich unter optimalen Spannungen litt, besonders wenn ich mich ängstlich fühlte oder einen Groll gegen jemanden hegte. Ich war also nicht aus dem Grund verstimmt, den ich angenommen hatte.

Als ich lernte, meine Ressentiments durch angewandte Vergebung loszulassen, verschwanden meine Schmerzen. Mittlerweile kenne ich keine Einschränkung meiner Aktivitäten mehr.

Ich dachte, ich wäre wegen meiner Rückenschmerzen verstimmt. Ich entdeckte jedoch, daß mein Zustand von ungesunden persönlichen Beziehungen herrührte. Ich hatte mich glauben lassen, daß der Körper den Geist beherrscht, anstatt zu erkennen, daß der Geist den Körper beherrscht. Ich bin sicher, daß die meisten Menschen mit Rückenproblemen das Potential haben, ihre Ressentiments, Schuldgefühle und Ängste loszulassen und ihre eigene Heilung herbeizuführen, indem sie sich und anderen vergeben.

Den ganzen Tag über, wann immer du versucht bist ängstlich zu werden, erinnere dich daran, daß du stattdessen Liebe erfahren kannst.

LEKTION 4

ICH BIN ENTSCHLOSSEN, DIE DINGE ANDERS ZU SEHEN

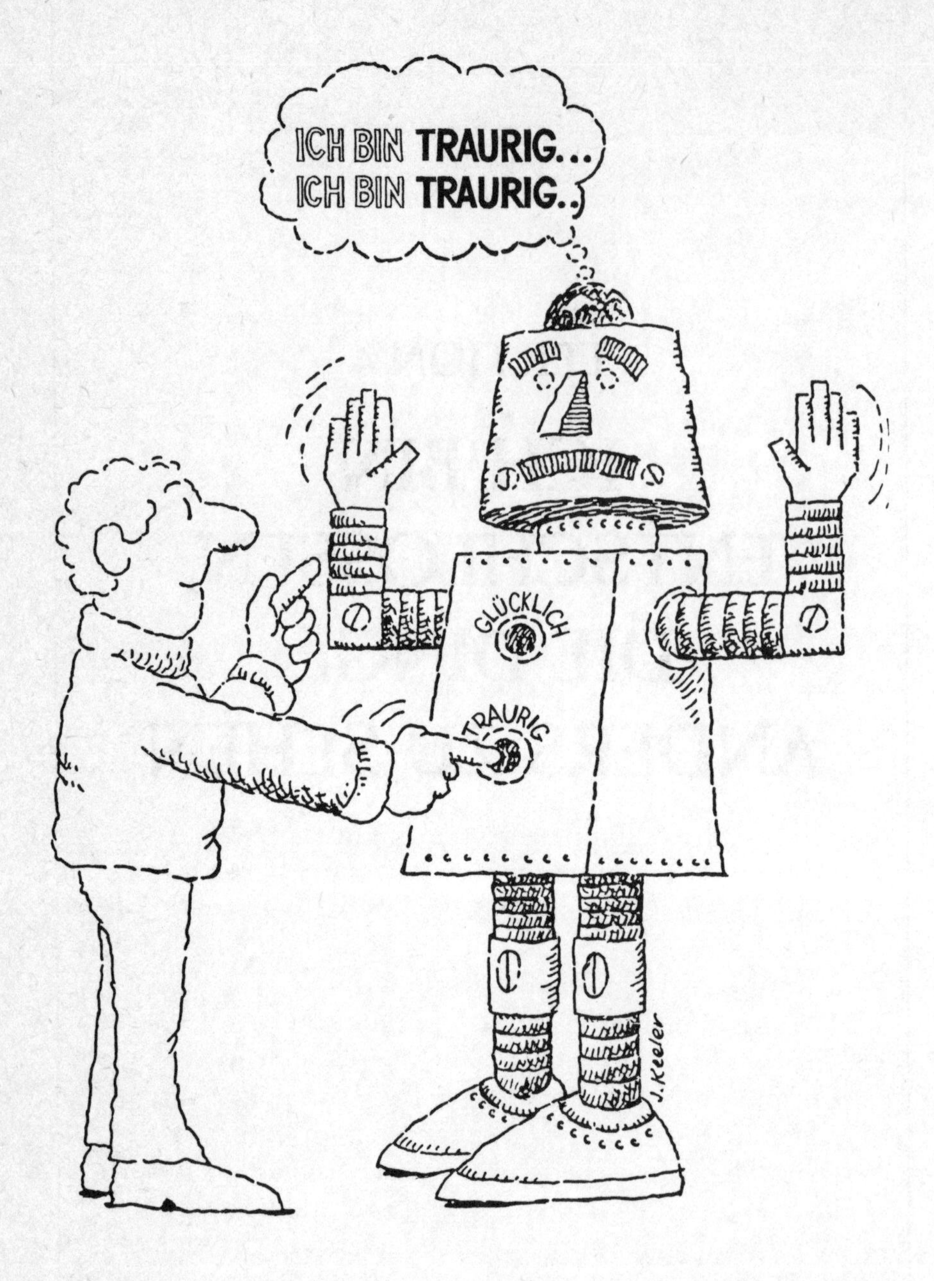
ICH BIN TRAURIG...
ICH BIN TRAURIG..
GLÜCKLICH
TRAURIG
J. Keeler

Ich bin entschlossen, die Dinge anders zu sehen

Die Welt, die wir sehen, die uns so wahnsinnig erscheint, könnte das Produkt eines Glaubenssystems sein, das nicht funktioniert. Dieses Glaubenssystem besagt, daß sich eine angstdurchsetzte Vergangenheit in die Zukunft ausdehnt und so Vergangenheit und Zukunft zu einem werden. Es ist unsere Erinnerung an Angst und Schmerz, die uns so verletzlich macht. Und es ist diese Verletzbarkeit, die uns veranlaßt, die Zukunft um jeden Preis unter Kontrolle und voraussagbar haben zu wollen.

Ich möchte ein persönliches Beispiel bringen. Ich wurde in einer Familie großgezogen, in der immer eine ängstliche Einstellung zu herrschen schien. Ich eignete mir eine Philosophie an, die besagte, „Die Vergangenheit ist schrecklich, der Augenblick ist furchterregend und der nächste Augenblick wird noch schlimmer werden“. Natürlich waren wir alle treffsicher in unseren Vorhersagen, da wir die gleichen Annahmen teilten.

Unser altes Glaubenssystem nimmt an, daß Ärger entsteht, weil wir angegriffen wurden. Ebenso nimmt es an, daß ein Gegenangriff gerechtfertigt ist und daß wir für unseren „Selbstschutz“ verantwortlich sind, nicht aber für das Bedürfnis danach.

Wenn wir willens sind, ist es möglich, unser Glaubenssystem zu verändern. Um dies jedoch tun zu können, müssen wir all unsere liebgewonnenen Annahmen und Werte der Vergangenheit in einem neuen Licht sehen. Dies bedeutet, jeden Versuch zu unterlassen, uns an Angst, Ärger, Schuldgefühle und Schmerzen zu klammern. Es bedeutet, die Vergangen-

heit loszulassen und mit ihr all die gewesenen Ängste, die wir immer wieder in die Gegenwart und in die Zukunft hineinziehen.

„Ich bin entschlossen, die Dinge anders zu sehen", bedeutet, daß wir wirklich bereit sind, Vergangenheit und Zukunft loszuwerden, um das *Jetzt* so zu erleben, wie es wirklich ist.

Die meiste Zeit meines Lebens verhielt ich mich so, als wäre ich ein Roboter und reagierte auf das, was andere Menschen sagten oder taten. Jetzt erkenne ich, daß meine Reaktionen einzig und allein von den Entscheidungen bestimmt sind, die ich treffe. Ich mache von meiner Freiheit Gebrauch, indem ich die Macht meiner Entscheidung ausübe, um Menschen und Ereignisse mit Liebe anstatt mit Angst zu sehen.

Beispiel A

Während meines Medizinstudiums erlebte ich, wie ein überraschend hoher Prozentsatz meiner Kommilitonen jeweils an der Krankheit, die gerade durchgenommen wurde, erkrankte. Es spielte überhaupt keine Rolle, was es für eine Krankheit war, ob Gelbsucht, Schizophrenie oder Syphilis.

Mein Tick war Tuberkulose. Als ich Assistenzarzt in Boston war, hatte ich einen Monat lang Dienst auf einer TBC-Station zu leisten. Ich hatte eine Sterbensangst davor, mir eine Tuberkulose zu holen und sterben zu müssen. Mein Phantasie-Plan war, einmal tief einzuatmen, bevor ich auf die Station ging, und dann einen Monat lang nicht mehr zu atmen. Am Ende des ersten Tages war ich ein völliges Wrack.

In der Nacht erhielt ich um 23 Uhr 30 einen Notruf. Ich rannte zur Station, wo eine 50-jährige Frau, die nicht nur TBC hatte, sondern auch Alkoholikerin mit einer Leberzirrhose war, gerade Blut erbrochen hatte. Sie hatte keinen Puls mehr. Ich massierte ihr Herz und entfernte das Blut aus ihrem Rachen mit einer Absaugevorrichtung. Das Sauerstoffgerät funktionierte anfangs nicht, und ich gab ihr Mund-zu-Mund Beatmung. Ihr Puls kam wieder und sie begann zu atmen. Sie schaffte es.

Als ich wieder in meinem Privatzimmer war, sah ich mich im Spiegel und ich war vollkommen blutverschmiert. Plötzlich fiel mir auf, daß ich während des gesamten Vorganges keinen Moment lang Angst gehabt hatte.

In der Nacht lernte ich, daß ich wie gelähmt war vor Angst, wenn ich ganz von dem Gedanken beherrscht war, was ich mir zuziehen könnte, und daß ich so niemandem eine Hilfe war, aber wenn ich vollkommen damit beschäftigt war zu geben, dann empfand ich keine Angst. Indem ich die Vergangenheit losließ und meine volle Aufmerksamkeit auf das Geben richtete, vergaß ich meine Angst und konnte die Dinge anders sehen.

Vielleicht ist es überflüssig zu erwähnen, daß ich meine Angst vor TBC auf der Stelle verlor. Diese Patientin erwies sich für mich als eine sehr wichtige Lehrerin.

Unsere geistige Verfassung ist unsere eigene Verantwortung. Ob wir Frieden oder Konflikt erleben, ist bestimmt durch die Wahl, die wir in Bezug darauf treffen, wie wir Menschen und Situationen wahrnehmen; ob wir sie als unserer Liebe für würdig erachten oder in ihnen nur die Rechtfertigung unserer Ängste bestätigt sehen.

Wir brauchen uns nicht wie ein Roboter zu verhalten und den anderen die Macht der Entscheidung zu überlassen, ob uns Liebe oder Angst, Glück oder Traurigkeit widerfährt.

Beispiel B

Dieses Buch betont, daß eine Wahrnehmungsveränderung unsere Art zu denken umkrempeln kann, daß es von Nutzen ist, wenn du „den Wagen vor das Pferd spannst".

Ich entdecke, daß, wenn unser innerer Ratgeber das Ziel (den Wagen) aufgestellt hat, ich nur noch dieses Ziel fest in meinen Gedanken behalten muß, und das Mittel dorthin (das Pferd), wird sich von selbst besor-

gen. Die meisten von uns verschwenden so viel Energie darauf, das Mittel zu finden, daß sie das Ziel aus den Augen verlieren.

Hier ein Beispiel aus jüngster Vergangenheit: Die furchtbar kranken Kinder, mit denen ich arbeite, schrieben vor kurzem ein Buch. Es sah so aus, als würde es achtzehn Monate oder noch länger dauern, bis das Buch von einem etablierten Verlag veröffentlicht werden sollte. Obwohl wir kein Geld hatten, gab mir mein innerer Ratgeber ein, nicht zu warten, sondern das Buch im Eigenverlag herauszubringen und darauf zu vertrauen, daß das Geld schon irgendwo herkommen würde. Früher hätte ich so etwas nie unternommen, ohne vorher das Geld zu haben. Diesmal aber war ich entschlossen, die Dinge anders zu sehen.

Ich verbürgte mich bei dem Drucker, daß ich das Geld bei einer Bank leihen würde, falls wir die erforderliche Summe nicht aufbringen könnten. Eines Freitagmittags wurden die 500 Exemplare des Buches *Hinter jeder dunklen Wolke ist ein Regenbogen* angeliefert. Wir hatten noch keine 10% des benötigten Betrages zusammen.

Ich fühlte mich, als befände ich mich am Ende eines hohen Sprungbrettes und jemand war kurz davor, mich hinunterzustoßen. Jedoch eine Stunde später kam ein Anruf des leitenden Direktors der Bothin-Stiftung und er teilte mir mit, daß unser Antrag auf Unterstützung genehmigt worden sei und daß wir umgehend einen Scheck erhalten würden, der unsere gesamten Druckkosten deckte.

Diese Erfahrung lehrte mich, daß nichts unmöglich ist, wenn wir unserem inneren Ratgeber folgen, selbst wenn seine Richtung uns erschreckt, weil sie unsere gewohnte Logik umkehrt.

Wannimmer du heute versucht bist, mit den Augen der Angst zu sehen, wiederhole entschlossen:

**„Ich bin kein Roboter; ich bin frei.
Ich bin entschlossen, die Dinge anders zu sehen".**

LEKTION 5

ICH KANN DER WELT MEINER WAHRNEHMUNG ENTKOMMEN, INDEM ICH ANGRIFFSGEDANKEN AUFGEBE

J Keder

Ich kann der Welt meiner Wahrnehmung entkommen, indem ich Angriffsgedanken aufgebe

Viele von uns empfinden zeitweise, daß wir hoffnungslos in der Welt unserer Wahrnehmungen gefangen sind. Wir können versuchen, was wir wollen, wir scheinen die Welt einfach nicht ändern und ihren vermeintlichen Einengungen entkommen zu können.

Wenn wir uns daran erinnern, daß es unsere Gedanken sind, die die Welt zu dem machen, was sie ist, dann können wir diese ändern. Wir ändern die Welt, die wir wahrnehmen, indem wir unsere Gedanken über sie verändern. Dadurch, daß wir unsere Gedanken verändern, ändern wir in Wirklichkeit die Ursache. Die Welt, die wir wahrnehmen — die Wirkung — wird sich dann automatisch verändern.

Ein verändertes Gedankensystem kann die Ursache-Wirkung-Relation umkehren, die wir gewohnt sind. Für die meisten von uns ist dies ein Konzept, das wir nur sehr schwer akzeptieren können, da wir große Widerstände dagegen haben, die Vorhersagbarkeit unseres alten Glaubenssystems aufzugeben und Verantwortung für unsere Gedanken, Gefühle und Reaktionen zu übernehmen. Da wir immer zuerst nach innen schauen, bevor wir hinaus schauen, können wir einen Angriff draußen erst wahrnehmen, wenn wir ihn als wirklich empfunden haben.

Wir vergessen diese Voraussetzung, wenn wir merken, daß wir von jemandem angegriffen werden. Wir versuchen, uns vor dem Bewußtsein zu drücken, daß der Angriff, den wir als von anderen kommend wahrnehmen, eigentlich aus unserem Verstand stammt.

Wenn wir dies erkennen, dann können wir uns dessen bewußt werden, daß unsere Angriffsgedanken im Grunde uns selbst verletzen. Dann können wir entscheiden, unsere Angriffsgedanken durch Gedanken der Liebe zu ersetzen um aufzuhören, uns dauernd selbst zu verletzen. Unser höheres Selbstinteresse bringt das Verstehen mit sich, daß die Liebe, die wir anderen geben, die Liebe stärkt, die wir für uns selbst haben.

Es ist vielleicht wieder einmal sinnvoll, uns daran zu erinnern, daß uns Angriffsgedanken keinen Seelenfrieden bringen und die Rechtfertigung unseres Ärgers uns nicht wirklich schützt.

Ich erkenne heute, daß meine Angriffsgedanken in Bezug auf andere in Wirklichkeit gegen mich selbst gerichtet sind. Wenn ich glaube, daß das Angreifen anderer mir etwas bringt, das ich haben will, erinnere ich mich daran, daß ich mich immer selbst zuerst angreife. Ich wünsche nicht, mich heute wieder zu verletzen.

Beispiel

Unser „Zentrum für Verhaltenstherapie" gewann kürzlich durch das Fernsehen und andere Medien aufgrund unserer Arbeit mit schwerkranken Kindern beachtlich an Publizität. Wir haben anläßlich Tausender von Briefen, die wir erhielten, ein nationales sowie internationales Brief- und Telefonnetz ins Leben gerufen, mit dem Kinder aus aller Welt Frieden finden können, indem sie sich gegenseitig helfen. Diese Arbeit ergab enorm hohe Telefonkosten und wir gerieten in Geldschwierigkeiten.

Als ich vor kurzem mit diesem Problem beschäftigt war, beruhigte ich meinen Geist durch Meditation und dabei kam mir der Gedanke, den Präsidenten der Pazifik-Telefongesellschaft anzurufen und ihn um finanzielle Hilfe zu bitten. Ich fand es schwierig, diesen Rat von Innen anzunehmen, und zwar aus zwei Gründen. Erstens fand ich, daß ich schon oft genug Menschen um Geld angegangen war, und ich wollte es einfach nicht mehr tun. Der zweite Grund war, daß die Telefongesellschaft eines meiner bevorzugten Wutobjekte war. Mein Telefon funktionierte oft nicht, und ich fand mich wiederholt gereizt und wütend auf die Telefongesellschaft.

Aber meine innere Stimme blieb hartnäckig. Ich dachte allerdings, daß ich die Gesellschaft nicht anrufen könne, solange ich noch verärgert war. Also verbrachte ich die nächsten zwei Wochen im Üben von Vergebung und Loslassen meiner Angriffsgedanken. Zu meiner Überraschung war ich danach fähig, ein Gefühl des Einsseins, eine Verbundenheit und Liebe zwischen mir und den Leuten von der Telefongesellschaft zu empfinden.

Dann versuchte ich, den Präsidenten der Gesellschaft anzurufen, aber kam natürlich nicht bis zu ihm durch. In meiner Phantasie waren da ungefähr fünfzig Leute, die ihn vor Anrufern schützten, die wütend waren und sich bei ihm beschweren wollten. Ich erhielt immer die gleiche Nachricht; „Der Präsident ist beschäftigt und kann Sie im Moment nicht sprechen."

Nachdem ich viermal angerufen hatte, beschloß ich, es nur noch ein einziges Mal zu versuchen. Zu meiner Überraschung nahm der Präsident selbst den Hörer ab. Ich schilderte ihm, warum ich ihn sehen wollte, und anstatt mich an die PR-Abteilung zu verweisen, machte er einen Termin mit mir ab.

Er hätte nicht herzlicher sein können. Unmittelbar danach besuchte eine Abordnung der Telefongesellschaft unser Zentrum, und sechs Wochen später erhielten wir eine Spende über 3.000 Dollar. Nun, was mich betrifft, *das ist ein Wunder!* Und tief im Herzen glaube ich, daß dieses Wunder niemals geschehen wäre, wenn ich nicht meine Angriffsgedanken aufgegeben hätte, um die Liebe aufzudecken, die da schon vorhanden war.

Wenn du den Tag über versucht bist, dich durch deine Angriffsgedanken zu verletzen, sage mit Entschlossenheit:

Ich will jetzt sofort Seelenfrieden erleben.
Ich lasse meine Angriffsgedanken leichten Herzens los und wähle stattdessen den Frieden.

LEKTION 6

ICH BIN NICHT DAS OPFER DER WELT, DIE ICH WAHRNEHME

LIEBE
ANGST
J. Keeler

Ich bin nicht das Opfer der Welt, die ich wahrnehme

Ist dir aufgefallen, wie oft du dich als Opfer der Welt fühlst, in der du lebst? Weil die meisten von uns viele Aspekte der Umwelt als wahnsinnig empfinden, neigen wir dazu, uns hilflos in einer Falle gefangen zu fühlen. Wenn wir uns erlauben zu denken, daß wir in einer unfreundlichen Umgebung leben und fürchten müssen, verletzt oder zum Opfer gemacht zu werden, dann können wir nur leiden.

Um konsequent inneren Frieden zu erstreben, müssen wir eine Welt wahrnehmen, in der es keine Schuldigen gibt.

Was geschieht, wenn wir wählen, andere als schuldlos anzusehen? Wie können wir damit anfangen, sie anders zu sehen? Wir müssen zuerst alles Vergangene — außer der Liebe, die wir erfahren haben — als irrelevant ansehen. Wir könnten wählen, die Welt durch das Fenster der Liebe anstatt das der Angst zu sehen. Dies würde bedeuten, daß wir bewußt wählen, die Schönheit und Liebe in der Welt zu sehen, sowie die starken Seiten der Menschen wahrzunehmen, statt ihre Schwächen.

Was ich in der Außenwelt sehe, ist eine Spiegelung dessen, was ich zuerst in mir wahrgenommen habe. Ich projiziere ständig die Gedanken, Gefühle und Haltungen, die mich beschäftigen, auf die Außenwelt. Ich kann die Welt anders sehen, indem ich meine Meinung über das, was ich sehen will, ändere.

Beispiel A

Früher hielt ich es für gesund und gesellschaftlich gebilligt, mich paranoid zu fühlen, wenn ich zu einem Autohändler ging, um ein Auto zu kaufen. Autohändlern durfte man nicht trauen. Mißtrauisch gegen sie zu sein, war so normal wie es weise war, und ich hätte dir eine Auswahl von Erfahrungen als Beweise für meine Einstellung schildern können. Was ich nicht begriff, war, daß diese Einstellung lediglich die Möglichkeit der Auswahl für mich ausschloß. Ich kannte nur eine einzige Haltung, die der Angst und des Mißtrauens. Seelenfrieden war unmöglich.

Ich war mir nicht einmal dessen bewußt, daß der Verkäufer wahrscheinlich von seinem eigenen selektiven Erfahrungsschatz aus operierte, der ihn „gelehrt" hatte, mißtrauisch gegenüber Kunden zu sein. Er hatte „gelernt", daß sie ihn nicht respektierten, und ihn in irgendeiner Form herablassend behandelten.

Dadurch, daß er sich selber betrachtete, wie ihn seine Kunden wahrnahmen, als Menschen zweiter Klasse, erreichte er nur, sich selbst genauso zu sehen.

Der Autohändler und ich hatten eines gemeinsam, eine Wahrnehmung des anderen, die total verzerrt war. Die Art und Weise, wie wir unsere Sicht vernebelten, war die gleiche. Wir hatten nur ganz bestimmte Aspekte aus unseren Vergangenheiten ausgewählt, nach denen wir uns in der Gegenwart maßen.

Ich berate jetzt bei einer großen Autofirma und merke, daß sich meine Einstellung ändert. Gemeinsam bemühen wir uns, unsere alten Ressentiments zu begraben und bemühen uns um angewandte Vergebung.

Was würde geschehen, wenn Kunden und Autohändler beiderseits entdeckten, daß die Vergangenheit irrelevant ist und sie sie dadurch fallenlassen könnten und somit Entdecker der Liebe anstatt von Fehlern zu werden, Liebe Gebende anstatt Suchende? Vielleicht wären wir dann alle frei, einander mit der Verbreitung des Friedens als unserem einzigen Beweggrund zu begegnen. Die Fehlwahrnehmung, „Ich bin das Opfer der Welt, die ich wahrnehme", könnte dann abgeändert werden in „Ich bin *nicht* das Opfer der Welt, die ich wahrnehme."

Beispiel B

Durch andere, die von unserer Arbeit im Zentrum gehört hatten, wurde ich gebeten, mir einmal Joe anzusehen, einen fünfzehnjährigen Jungen, dessen Kopf zweimal von einem Traktor überfahren worden war. Er war durch diesen Unfall blind, stumm und empfindungslos geworden und hatte beidseitige spastische

Lähmung. Er befand sich monatelang im Koma und die Ärzte glaubten, daß ihm nicht einmal ein Wunder helfen könnte.

Seine Familie gab die Hoffnung auf eine Besserung seines Zustandes jedoch nicht auf und versuchte Tag für Tag ganz bewußt zu leben, um das Beste aus der *Gegenwart* zu machen. Als Joe sein Bewußtsein wiedererlangte, arbeitete er hart an sich und war entschlossen, wieder völlig gesund zu werden. Dann geschah, was wie eine Serie von Wundern erschien. Joe gewann sein Sprachvermögen zurück und begann wieder zu gehen. Während dieser Periode brachte er viel Zeit damit zu, anderen zu helfen.

Als ich ihn traf, schien er meistens guter Laune zu sein. Ich fragte ihn, wie er sich bei so guter Laune halte und er antwortete: „Oh, ich sehe einfach nur die positiven Dinge an jedem Menschen und beachte die negativen gar nicht, und außerdem weigere ich mich, an das Wort ‚unmöglich' zu glauben." *Es gibt eine Wahl.*

Für mich ist Joe reinste Liebe. Er strahlt sie einfach aus. Er und seine Familie sind mächtige Lehrer der Liebe für mich und viele andere. Er ist ein perfektes Beispiel für die Behauptung: „Ich bin nicht das Opfer der Welt, die ich wahrnehme." Manchmal, wenn ich niedergeschlagen bin, denke ich an Joe. Das erinnert mich daran, daß auch ich wählen kann, mich nicht als das Opfer der Welt, die ich wahrnehme, anzusehen.

Wiederhole den ganzen Tag über, wannimmer du dazu neigst, dich als Opfer zu sehen: Nur meine liebevollen Gedanken sind wirklich. Nur diese Gedanken sind es, die ich in dieser Situation (meine eine tatsächliche) oder in Bezug auf diese Person (nenne sie) haben will.

LEKTION 7

HEUTE WILL ICH ÜBER NICHTS, WAS GESCHIEHT, URTEILEN

ICH WERDE HEUTE NICHT URTEILEN!
J. Keeler

Heute will ich über nichts, was geschieht, urteilen

Hast du dir jemals Gelegenheit dazu gegeben, dich nur für einen einzigen Tag darauf zu konzentrieren, jeden Menschen vollkommen zu akzeptieren und keine Urteile zu fällen? Die meisten von uns meinen, daß dies eine sehr schwierige Aufgabe sein würde, da es selten vorkommt, daß man einige Momente lang — geschweige denn den ganzen Tag — mit jemandem verbringt, ohne zu urteilen. Wenn wir darüber nachdenken, werden viele von uns entsetzt sein, wie oft wir uns und andere verurteilen. Wir mögen sogar glauben, daß es fast unmöglich ist, mit diesem Urteilen aufzuhören. Aber alles, was wirklich nötig ist, ist unsere Bereitschaft, mit dem Praktizieren einer nicht wertenden Haltung zu beginnen, ohne sofortige Perfektion zu erwarten. Das Ablegen alter Gewohnheiten, die wir nicht mehr wollen, kommt mit wiederholter und andauernder Anwendung.

Die meisten von uns weisen einen Zustand auf, den man als „Tunnelsicht" bezeichnen könnte. Wir sehen Menschen nicht als Ganzes. Wir sehen nur einen Bruchteil eines Menschen und unser Verstand interpretiert das, was wir sehen, oftmals als Fehler. Die meisten von uns sind in einer häuslichen und schulischen Umgebung aufgewachsen, in der die Betonung auf „aufbauender Kritik" lag, was eigentlich eine Verbrämung des Suchens nach Fehlern ist.

Wenn wir uns dabei beobachten, daß wir den gleichen Fehler bei unserem Ehepartner machen, unseren Kindern, Freunden oder sogar bei jemandem, den wir nur gelegentlich sehen, hilft es uns vielleicht, unseren

Geist ruhig werden zu lassen, unsere Gedanken zu beobachten und uns dessen bewußt zu werden, daß die Eigenschaft, bei anderen nach Fehlern zu suchen, völlig von unseren vergangenen Erfahrungen abhängt.

Beurteilen und beurteilt werden — eine Gewohnheit aus der Vergangenheit — hat schlimmstenfalls Angst zur Folge, und bestenfalls eine Liebe, an die Bedingungen geknüpft sind. Um bedingungslose Liebe zu erfahren, müssen wir uns des wertenden Teils in uns entledigen. Anstelle dieser wertenden Instanz in uns müssen wir unserer starken inneren Stimme zuhören, wie sie uns selbst und anderen sagt: „Ich liebe und akzeptiere dich völlig, so wie du bist."

Wenn wir unsere Entscheidung bestärken, nur die Entdecker von Liebe zu sein, wird es uns leichter, uns auf die Vorzüge der anderen zu konzentrieren und ihre Schwächen zu übersehen. Es ist wichtig, daß wir diese Lektion auf jeden anwenden, uns selbst eingeschlossen. Das bedeutet, daß wir auch uns selbst auf eine liebevolle Weise sehen können.

Andere nicht zu beurteilen ist ein weiterer Weg, Angst zu verlieren und Liebe zu erfahren. Wenn wir lernen, andere nicht zu beurteilen, sie vollkommen zu *akzeptieren* und sie nicht *ändern* zu wollen, lernen wir gleichzeitig, uns selbst zu akzeptieren.

Alles, was wir denken, sagen oder tun, kommt wie ein Bumerang auf uns zurück. Wenn wir Urteile in Form von Kritik, Wut oder Angriffsgedanken ausschicken, kommen sie zu uns zurück. Wenn wir aufhören Bewertungen zu treffen und nur Liebe aussenden, kommt sie zu uns zurück.

Sei heute gewillt, über niemanden, der dir begegnet,

oder über den du auch nur nachdenkst, ein verwerfendes Urteil zu fällen. Betrachte jeden Menschen, den du triffst oder an den du denkst, als Liebe ausstrahlend, oder aber ängstlich und deshalb einen Hilferuf ausschickend, was eine Bitte um Liebe darstellt.

Beispiel A

Vor kurzem erfuhr ich ein kraftvolles Lernerlebnis in Bezug auf meine Angriffsgedanken. Es war ein besonders beschäftigungsreicher Tag gewesen. Ich hatte veranlaßt, daß ein Junge mit unheilbarem Gehirnkrebs und seine Mutter von Conneticut nach Kalifornien geflogen wurden. Sie kamen am späten Nachmittag an und sollten Gäste meines Hauses sein. Abends brachte ich sie ins Zentrum. Dort fand an diesem Abend ein Treffen mit anderen Kindern statt, die katastrophale Krankheiten hatten. Nachdem dieses zu Ende war, brachte ich sie wieder zu mir Nachhause und fuhr erneut ins Zentrum, um bei einem weiteren Treffen von Erwachsenen zu assistieren, die an diversen Arten von Krebs litten.

Dieses Treffen sollte um 21 Uhr 30 zu Ende sein und danach sollte ich zum Haus eines Freundes fahren, um dort Gäste aus Indien zu begrüßen. Als ich das Zentrum gerade verlassen wollte, stand da ein junger Mann, ungefähr achtzehn Jahre alt, und wartete darauf, mich zu treffen. Er trug einen Bart, sah ungepflegt aus und roch, als hätte er seit Wochen nicht mehr gebadet.

Er sagte, er wolle mich sprechen. Ich war müde und hatte es eilig fortzukommen, und wollte wirklich niemanden mehr sehen, der ein Problem hatte. Er sagte, er wäre von Virginia hierher getrampt und sei gerade angekommen. Er hatte mich in einer national ausgestrahlten Fernsehsendung gesehen und fühlte sich zu mir geschickt.

Meine Gedanken waren ziemlich bewertend. „Der muß erheblich gestört sein, wenn er von so weit herkommt, um mich zu treffen, nur weil er mich im Fernsehen gesehen hat." Seine Bitte, mich sprechen zu wollen, erschien mir eine Forderung und ein Angriff. Ich sagte ihm, daß ich für diesen Abend bereits eine Verabredung hätte und daß ich ihn am nächsten Tage sehen könnte, wenn er meinte, warten zu können. Ansonsten würde ich jetzt eben bleiben. Er sagte, er könne warten.

Am nächsten Tag war er nicht fähig genau zu erklären, was er von mir wollte, sondern sagte nur, daß da etwas in meinen Augen gewesen sei, was ihn veranlaßt habe, mich sehen zu wollen. Da keiner von uns so recht wußte, warum er hier war, schlug ich vor, daß wir zusammen meditieren und daß wir dann vielleicht eine Antwort bekämen.

Ich war überrascht während unserer Meditation eine klare Stimme sagen zu hören: „Dieser Mensch kam quer durchs Land hierher als Geschenk für dich, um dir zu sagen, daß er vollkommene Liebe in deinen Augen sah, etwas, das dir schwer fällt, in dir selbst zu sehen. Dein Geschenk an ihn ist, ihm vollkommene Akzeptanz zu zeigen, etwas, was er nie in seinem Leben erfahren hat."

Ich teilte ihm mit, was ich gehört hatte und wir umarmten uns. Ich stellte erstaunt fest, daß der schreckliche Geruch, den ich noch einen Augenblick zuvor wahrgenommen hatte, völlig verschwunden war. Die Tränen liefen uns beiden über die Wangen und gemeinsamer Friede und Liebe wurden erlebt, die schwer mit Worten beschreibbar sind.

Eine Heilung hatte für uns beide stattgefunden. Angriffsgedanken waren durch Gedanken der Liebe ersetzt worden. Wir waren einander wirklich gegenseitig Lehrer und Psychotherapeut gewesen. Es schien nichts mehr zu tun oder zu sagen übrig.

Wir trennten uns in überschwenglicher Freude. Ich hatte das Gefühl, daß ich ihn nie wiedersehen würde, aber daß ich dieses Erlebnis und die Lektion in Vergebung, die er mir erteilt hatte, niemals vergessen würde.

Beispiel B

Ich glaube, die meisten von uns können sich in einen Mann hineinversetzen, der in ein schickes Restaurant zum Essen geht, den Service einfach schlimm und die Kellnerin grob, unhöflich und unfreundlich findet.

Wir können uns auch in seinen scheinbar gerechtfertigten Ärger, seinen verständlichen Groll und seine aggressiven Gefühle hineinversetzen und verstehen, daß er der Kellnerin kein Trinkgeld gibt.

Rollen wir dieses kleine Drama noch einmal von vorne auf. Diesmal flüstere ich dem Gast in dem Moment, wo er sich setzt, ins Ohr, daß der Mann der Kellnerin vor zwei Tagen gestorben ist und daß sie fünf Kinder zuhause hat, die alleine von ihr abhängig sind.

Nun kann er erkennen, daß die Kellnerin ängstlich ist und daß sie einen Ruf nach Liebe sendet. Er kann nur reagieren, indem er ihre Stärke und Zuwendung erkennt, und merkt, daß er über ihr Benehmen hinwegsehen kann. Seine Reaktion ist jetzt liebevoll und bejahend und er demonstriert sie, indem er ein besonders reichliches Trinkgeld gibt.

Laß heute inneren Frieden dein einziges Ziel sein, indem du deine ganze Aufmerksamkeit auf folgende Gedanken richtest: Heute will ich alles, was geschieht betrachten, ohne zu urteilen. Sämtliche Ereignisse geben mir eine weitere Gelegenheit, Liebe anstelle von Angst zu erfahren.

LEKTION 8

DIESER AUGENBLICK IST DIE EINZIGE ZEIT, DIE ES GIBT

VERGANGENHEIT
IMMER GEÖFFNET
DIESER MOMENT
ZUKUNFT
WIR SCHLIESSEN NIE
J. Keeler

Dieser Augenblick ist die einzige Zeit, die es gibt

Ich habe mir oft gedacht, daß wir von Kleinkindern sehr viel lernen können. Sie haben sich dem Konzept einer linearen Zeit mit Vergangenheit, Gegenwart und Zukunft noch nicht angepaßt. Sie sind nur auf die unmittelbare Gegenwart bezogen, auf *jetzt*. Ich vermute, daß sie die Welt nicht als bruchstückhaft wahrnehmen. Sie fühlen, daß sie mit allem, mit der Welt als Teil eines Ganzen verbunden sind. Für mich verkörpern sie wahre Unschuld, Liebe, Weisheit und Vergebung.

Wenn wir älter werden, neigen wir dazu, Erwachsenenwerte zu übernehmen, bei denen es darum geht, vergangene Lehren in die Gegenwart und eine vorausgeahnte Zukunft zu projizieren. Es fällt den meisten von uns schwer, die Gültigkeit unserer Konzepte von Vergangenheit, Gegenwart und Zukunft auch nur im Geringsten in Frage zu stellen. Wir glauben, daß sich die Vergangenheit in der Gegenwart und in der Zukunft fortsetzen wird, ohne die Möglichkeit einer Veränderung. Daher glauben wir, daß wir in einer angsterfüllten Welt leben, in der es früher oder später Leid, Frustration, Konflikt, Depression und Krankheit geben wird.

Wenn wir in unsere mit Schuldgefühlen beladenen Erfahrungen und unsere Ressentiments aus der Vergangenheit weiterhin investieren und uns an sie klammern, sind wir versucht, eine ähnlich beschaffene Zukunft vorauszusagen. Zukunft und Vergangenheit werden dann eins. Wir fühlen uns verletzbar, wenn wir die angstbesetzte Vergangenheit für wirklich halten und vergessen, daß unsere einzige Wirklichkeit die Liebe ist, und daß die Liebe in diesem Augenblick existiert. Da wir uns verletzbar fühlen, erwarten wir, daß sich die Vergangenheit wiederholt. Wir sehen das, was wir erwarten, und was wir erwarten, ermöglichen und suchen wir auch. Alte Schuldgefühle und Ängste werden dadurch immer wieder erneut.

Ein Weg, unseren „archäologischen Müll" loszulassen, ist einzusehen, daß ihn festzuhalten uns nicht das bringt, was wir wollen. Sobald wir keinen Wert darin sehen, ihn weiterhin zu erneuern, heben wir die Blokkierungen auf, die uns daran hindern frei zu sein, jetzt zu vergeben und völlig zu lieben. Nur auf diesem Wege können wir wirklich glücklich sein.

„Dieser Augenblick ist die einzige Zeit, die es gibt" kann eine Ewigkeit werden. Die Zukunft wird die Ausdehnung einer friedvollen Gegenwart, die niemals endet.

Meine Beschäftigung mit der Vergangenheit und ihrer Projektion in die Zukunft besiegt mein Streben nach gegenwärtigem Frieden. Die Vergangenheit ist vorüber und die Zukunft noch nicht geschehen. Frieden kann niemals in der Vergangenheit oder in der Zukunft gefunden werden, sondern nur in diesem Augenblick.

Ich bin entschlossen, heute ohne Phantasien über die Vergangenheit oder über die Zukunft zu leben. Ich werde mich daran erinnern: Dieser Augenblick ist die einzige Zeit, die es gibt.

Beispiel

Folgender Brief stammt von einer Krankenschwester namens Karola, die eine liebe Freundin von mir geworden ist. Wir hatten bereits darüber gesprochen, wie Heilung (der innere Friede, der aus dem Loslassen der Angst erwächst) in einem Augenblick geschehen kann.

25. Februar

Lieber Jerry,

In letzter Zeit geriet ich in zahlreiche Situationen, in denen ich immer weiter über bedingungslose Liebe sprach und über die Wichtigkeit, sein ureigenstes Wesen zu achten, indem man die Angst losläßt. Ich glaube, wir sprechen am häufigsten über genau das, was wir gerade lernen.

In einem Traum saß ich einem menschlichen Wesen gegenüber — es war häßlich, ängstlich, entstellt und elend. Einen Augenblick lang wollte ich weglaufen. Aber als ich mich entspannte und in mich ging, sah ich die sehr wirkliche Verbindung zwischen uns und liebte diese Verbindung. Als die illusionäre Sichtweise meiner egohaften Interpretation verblaßte, verbreitete ein helles Licht die Ausstrahlung, Göttlichkeit und Unschuld, die niemand zuvor je gesehen hat. Ich umarmte diesen Menschen mit einer echten Liebe, wie ich sie vorher nie erlebt hatte. Dieser Mensch empfing meine Liebe und es herrschte Freude und Kommunion in einem geistigen Miteinanderverschmelzen unserer Seelen. Diese Person war ich, und ich war sie; und wir zelebrierten unser Einssein. Ich wußte um das wahre Gefühl von Liebe, Achtung und Vergebung. Ich werde diese absolute und vollständige Heilung, die in einem Augenblick stattfand, niemals vergessen. *Jetzt* verstehe ich wirklich, was du gesagt hast.

In Wahrheit und Liebe,
Karola

Ich wollte diesen wunderschönen Brief mit dir teilen, weil Geschenke geteilt werden sollten. Ich finde Karolas Brief für mich immer noch hilfreich in solchen Zeiten, in denen ich wieder an die Vergangenheit geklammert bin und Schwierigkeiten habe, mir selbst und anderen zu vergeben.

Dieser Augenblick ist die einzige Zeit, die es gibt.

LEKTION 9

DIE VERGANGENHEIT IST VORBEI; SIE KANN MICH NICHT BERÜHREN

DIE
GEGENWART
VERGANGENHEIT
ZUKUNFT
EIN
J. Keeler

Die Vergangenheit ist vorbei; sie kann mich nicht berühren

Wenn wir glauben, in der Vergangenheit von jemandem verletzt worden zu sein, bauen wir Abwehrmechanismen auf, um uns davor zu schützen, in Zukunft verletzt zu werden. So erzeugt eine angsterfüllte Vergangenheit eine angstvolle Zukunft, und Vergangenheit und Zukunft werden ein und dasselbe. Wir können nicht lieben, wenn wir Angst empfinden. Wir können nicht lieben, wenn wir uns schuldig fühlen. Wenn wir die angstbesetzte Vergangenheit loslassen und jedem vergeben, werden wir vollkommene Liebe und Einssein mit allen erfahren.

Vertrautheit muß nicht zwangsläufig Verachtung zur Folge haben, aber sie scheint unsere Wahrnehmung der Menschen, zu denen wir eine enge Beziehung haben, abzustumpfen. Wenn wir unseren Ehepartner, Chef oder unsere Kollegen so sehen wollen, wie sie wirklich sind, dann müssen wir sie jetzt sehen und erkennen, daß ihre und unsere Vergangenheit in der Gegenwart überhaupt keine Gültigkeit haben.

Jede Sekunde ein Erlebnis des Neugeborenseins werden zu lassen heißt, die Gegenwart ohne Verurteilungen zu betrachten. Dies führt dazu, daß wir uns und andere vollkommen von den Irrungen der Vergangenheit entlasten. Es erlaubt uns Freiheit einzuatmen und das Wunder der Liebe zu erleben, indem wir diese gegenseitige Befreiung miteinander teilen. Dies ermöglicht einen Augenblick der Heilung, in dem die Liebe allgegenwärtig ist, hier und jetzt.

Unser Bestreben zu kontrollieren und vorauszusagen hält uns mit den schmerzlichen und schuldbeladenen Erfahrungen der Vergangenheit behaftet. Schuldgefühle und Angst, die Verbündete sind und von unserer Vorstellung geschaffen werden, veranlassen uns, an diese Kontinuität der Zeit zu glauben.

Wenn wir uns in der Vergangenheit von jemandem abgelehnt, kritisiert oder unfair behandelt fühlen, so werden wir den Betreffenden als uns angreifend betrachten. Dies verstärkt unsere Angst und wir versuchen, unsererseits anzugreifen. Sich von der Vergangenheit befreien bedeutet, niemanden für schuldig zu erklären, auch nicht uns selbst.

Angst und Liebe, wie auch Schuldgefühle und Liebe, können nicht nebeneinander existieren. Nur wenn ich die Vergangenheit in der Zukunft immer wieder durchlebe, bin ich ein Sklave der Zeit. Indem ich vergebe und die Vergangenheit loslasse, befreie ich mich von der schmerzlichen Last, die ich bis in die Gegenwart getragen habe. Nun kann ich die Gelegenheiten der Freiheit in der Gegenwart ohne die Verzerrungen meiner Vergangenheit wahrnehmen.

Beispiel

1975 leitete ich ein Seminar über den *Kurs der Wunder,* einige Monate nachdem ich ein Student dieser Schriften geworden war. In einer Pause kam ein Ehepaar, wohl in den Sechzigern, zu mir und erzählte, daß sie am nächsten Tag ihren fünfunddreißigjährigen Sohn, der an chronischer Schizophrenie litt, in der Nervenheilanstalt besuchen würden. Sie fragten mich um Rat, wie sie die Prinzipien des *Kurs der Wunder* bei diesem Besuch anwenden könnten.

Ich wußte wirklich nicht, was ich sagen sollte, also bat ich mein intuitives Selbst um Führung. Was daraufhin aus meinem Mund kam, überraschte mich. Die Worte schienen nicht meine zu sein, obwohl sie dir bekannt vorkommen werden, da sie seitdem ein Teil von mir und daher auch von diesem Buch geworden sind. Ich antwortete:

„Verbringen Sie bis morgen so viel Zeit wie möglich damit, sich von allen vergangenen, schmerzlichen, schuld- und angstbeladenen Gedanken und Erfahrungen zu lösen, die Sie mit Ihrem Sohn gemacht haben. Sprechen Sie sich von allen Schuldgefühlen in Bezug auf den Zustand Ihres Sohnes frei. Wenden Sie die aktive Imagination an und werfen Sie all Ihre Ängste, Schuldgefühle und Schmerzen in einen Mülleimer und binden Sie den Eimer an einen gelben Ballon, der mit Helium gefüllt ist. Schreiben Sie mit großen Lettern auf den Ballon, *ich vergebe mir meine falschen Wahrnehmungen.* Sehen Sie dann zu, wie der Eimer in den Himmel verschwindet. Achten Sie darauf, um wieviel freier und leichter Sie sich fühlen werden.

Wenn Sie in die Klinik gehen und der Arzt Ihnen über das Verhalten Ihres Sohnes berichtet, klammern Sie sich nicht an das, was er sagt. Sehen Sie darüber hinweg, was Ihnen Augen und Ohren melden. Wählen Sie, Ihren Sohn einzig mit den Augen der Liebe zu sehen. Wählen Sie, ihn nur als Licht zu sehen, das Licht der Liebe. Sehen Sie das Licht der Liebe in Ihrem Sohn und das Licht Ihrer Liebe als ein einziges Licht. Empfinden Sie die friedvolle Seligkeit und seien Sie gewiß, daß es die Funktion der Liebe ist, alle Dinge in sich zu vereinigen."

Eine Woche später bekam ich ein wunderschönes Geschenk, einen Brief der Eltern, in dem sie schrieben, daß sie den friedvollsten Besuch seit je erlebt hatten.

Heute wähle ich meine Befreiung von allen vergangenen Schmerzen und Leiden, indem ich nur in der unmittelbaren Gegenwart lebe.

LEKTION 10

STATTDESSEN KÖNNTE ICH FRIEDEN SEHEN

DU..DU
!!/!
J. Keeler

Stattdessen könnte ich Frieden sehen

Die meisten von uns gehen in dem Glaubenssystem durchs Leben, daß unser Glücklichsein oder Unglücklichsein weitgehend von den Ereignissen in unserer Umgebung und von den Reaktionen der anderen Menschen auf uns bestimmt wird. Oft glauben wir, daß unser Glücklichsein von Glück oder Pech abhängt, für das wir kaum verantwortlich sind.

Wir vergessen, unseren Verstand zu beauftragen, unsere Wahrnehmung der Welt und alldessen, was in ihr ist, zu ändern. Wir vergessen, daß Seelenfrieden eine innere Angelegenheit ist und daß es durch einen friedvollen Geist möglich ist, eine friedvolle Wahrnehmung der Welt zu erleben.

Die Versuchung, mit Ärger, Depression oder Aufregung zu reagieren, existiert aufgrund unserer Interpretation der äußerlichen Reize unserer Umwelt. Solche Interpretationen basieren zwangsläufig auf unvollständiger Wahrnehmung.

Wenn wir uns mit vergangenen Ereignissen aufhalten oder Zukünftiges erahnen wollen, leben wir im Reich der Phantasie. Was immer in unserem Leben wirklich ist, kann nur jetzt erlebt werden. Wir blockieren die Möglichkeit frischer und neuartiger Erlebnisse, wenn wir versuchen, unsere Erinnerung an vergangene Episoden in der Gegenwart erneut zu durchleben, gleichgültig, ob schmerzlich oder erfreulich. Wir befinden uns daher in einem andauernden Konflikt mit den tatsächlichen Ereignissen der Gegenwart und sind unfähig, die Chancen glücklich zu sein, wahrzunehmen, die um uns herum da sind.

Die meiste Zeit nehme ich eine bruchstückhafte Welt wahr, in der kaum etwas Sinn zu haben scheint. Die Teile und Stücke meiner täglichen Erfahrung spiegeln das Chaos wider, das ich in mir sehe. Heute heiße ich eine neue Wahrnehmung meiner Selbst und der Welt willkommen.

Beispiel A

Meine Mutter ist 88 Jahre alt. Selbst im Alter von 54 entdeckte ich oft, daß ich es ihr immer noch recht machen möchte, und die vielen Situationen ändern will, die sie unglücklich machen. Wenn meine Bemühungen erfolglos bleiben, fühle ich mich unwohl und bin versucht, meine Mutter als fordernd oder zurückweisend zu erleben, während sie einfach nur um Hilfe bittet.

Ich entdecke, daß ich mich daran erinnern muß, daß *ich* für die Gefühle, die ich erlebe, verantwortlich *bin* und daß nicht meine Mutter meinen Mangel an Frieden verursacht, sondern ich selbst.

Die Lektion, „Stattdessen könnte ich Frieden sehen", ermahnt mich, daß ich die Wahl habe zwischen Frieden und Konflikt. Wenn ich diese Lektion konsequent übe, kann ich dann wählen, meine Mutter anders zu sehen. Ich kann wählen, meine Mutter zu akzeptieren, ohne den Wunsch sie ändern zu wollen. Diese Einstellung führt dazu, daß ich die Liebe, die zwischen uns existiert, sehen kann und zu der Erkenntnis, daß sie auch weiterhin eine äußerst bedeutende Lehrerin für mich ist.

Beispiel B

Wenn wir krank sind, sind wir versucht, uns zu beklagen, selbst zu bemitleiden, Aufmerksamkeit auf unseren Körper zu richten und uns durch unsere Schmerzen und Beschwerden behindert zu fühlen. In diesem Zustand verstärken unsere Gefühle von Zorn, Gereiztheit und Depression lediglich ein allgemeines Gefühl der Hilflosigkeit und Hoffnungslosigkeit.

Wir entdecken bei unserer Arbeit mit den Kindern im Zentrum, daß wir durch unsere Bereitschaft anderen zu helfen, lernen können, glücklicher statt deprimiert zu sein. Diese Kinder lehren uns, daß wir, wenn wir krank oder behindert sind, immer die Wahl haben, unsere Gedanken weg vom Körper und seinen Krankheiten zu lenken und unsere ganze Aufmerksamkeit darauf zu konzentrieren, anderen wirklich zu helfen.

Ab dem Augenblick, wo wir ganz damit befaßt sind, jemand anderem zu helfen, empfinden wir uns nicht länger als krank oder von Schmerzen geplagt, und entdecken die Bedeutung des Satzes: *„Zu geben bedeutet zu empfangen"*.

Wiederhole für dich, wannimmer du fühlst, daß dein innerer Friede durch jemanden oder etwas bedroht ist: Ich wähle die Einheit des Friedens zu sehen anstelle der Bruchstückhaftigkeit der Angst.

Stattdessen könnte ich Frieden sehen.

LEKTION 11

ICH KANN WÄHLEN, ALLE VERLETZENDEN GEDANKEN ZU VERÄNDERN

J. Keeler

Ich kann wählen, alle verletzenden Gedanken zu verändern

Daß freier Wille und die Möglichkeit zu wählen angeborene Eigenschaften des Verstandes sind, neigen die meisten von uns zu vergessen. Wir haben alle schon einmal die Erfahrung gemacht, uns in einer Situation gefangen zu fühlen, aus der es keinen Fluchtweg zu geben schien.

Hier ist ein Vorschlag, der unter solchen Umständen hilfreich sein könnte. Du könntest die aktive Imagination anwenden, um einen Ausweg zu finden. Stell dir eine Wand vor, und lasse sie das Problem darstellen. Male eine Tür auf diese Wand und befestige ein rotes „Ausgang"-Schild darüber. Stell dir vor, wie du diese Tür öffnest, hindurchgehst, und sie dann fest hinter dir schließt. Dein Problem ist nicht mehr bei dir, denn du hast es hinter dir gelassen. Erlebe deine neu gewonnene Freiheit, indem du dich in deiner Vorstellung an einen Ort versetzt, wo du keinerlei Sorgen hast und es nichts zu tun gibt, außer was dir Freude macht. Wenn du bereit bist, deinen Zufluchtsort des Glückes zu verlassen, nimm dieses neu entdeckte Gefühl der Befreiung von alten Problemlösungsversuchen mit. In der Frische deiner neuen Wahrnehmung werden Lösungen, die dir früher unzugänglich waren, nun deutlich werden.

Wenn wir die Dinge nicht mehr als Problem, sondern als Chancen zu lernen auffassen, können wir ein Gefühl der Freude und des Wohlbefindens erleben, sobald die Lektionen gelernt sind. Wir werden nie mit Lektionen konfrontiert, bis wir fähig sind, sie zu lernen.

In meinem Kopf gibt es Gedanken, die mich verletzen oder mir helfen können. Ich entscheide andauernd über den Inhalt meiner Gedanken, da kein anderer diese Wahl für mich treffen kann. Ich kann mich dafür entscheiden, alles bis auf meine liebevollen Gedanken loszulassen.

Beispiel

Die folgende persönliche Skizze könnte helfen, die heutige Lektion anschaulicher zu machen. Der Vorfall ereignete sich 1951 im Stanford-Lane-Krankenhaus, das damals noch in San Francisco war.

Die Situation war eine, in der ich mich in einer Falle gefangen fühlte und wie gelähmt war vor Angst. Ich spürte emotionalen Schmerz und dachte mich auch von möglichen körperlichen Schmerzen bedroht. Die Vergangenheit färbte mit Sicherheit meine Wahrnehmung der Gegenwart und ich empfand keineswegs inneren Frieden oder Freude.

An einem Sonntagmorgen um 2 Uhr wurde ich gerufen, um nach einem Patienten auf der geschlossenen psychatrischen Abteilung zu sehen, der plötzlich durchgedreht war. Dieser Patient, den ich noch nie gesehen hatte, war am Nachmittag des Vortages wegen akuter Schizophrenie eingeliefert worden. Ungefähr zehn Minuten bevor ich kam, hatte er die Holzverschalung um die Tür herum abgerissen. Ich schaute durch das kleine Fenster in der Tür und sah einen 1,93 m großen Mann, der ungefähr hundertvierzig Kilo wog. Er rannte nackt im Zimmer herum, hatte dieses lange Stück Holz in der Hand, aus dem die Nägel herausragten, und redete wirres Zeug. Ich wußte wirklich nicht, was ich tun sollte. Da waren zwei Krankenpfleger, beide schienen kaum 1,50 m groß zu sein, und sagten, „Wir werden direkt hinter Ihnen sein, Doc." Ich fand das nicht sehr beruhigend.

Als ich weiter durch das kleine Fenster schaute, begann mir klar zu werden, wie verängstigt der Patient war, und langsam wurde ich mir auch dessen gewahr, wie sehr ich Angst hatte. Ganz plötzlich schien mir, als bestünde eine Verbindung zwischen ihm und mir, etwas, das uns verband — nämlich unsere Angst.

Ohne zu wissen, was ich anderes hätte tun können, schrie ich durch die dicke Tür: „Mein Name ist Dr. Jampolsky und ich möchte gerne reinkommen um dir zu helfen, aber ich habe Angst. Ich habe Angst, daß ich verletzt werden könnte und ich habe Angst, daß du verletzt werden könntest und ich komme nicht um die Frage herum, ob du nicht auch Angst hast." Da hörte er mit seinem wirren Gerede auf, drehte sich um und sagte: „Du kannst verdammt wohl glauben, daß ich Angst habe!"

Ich rief ihm weiterhin zu, wieviel Angst ich hatte und er rief zurück, wieviel Angst er habe. In gewisser Weise wurden wir Therapeuten füreinander. Während dieses Wortwechsels verschwand unsere Angst und unsere Stimmen wurden ruhiger. Er erlaubte mir schließlich, alleine hineinzukommen, mit ihm zu sprechen, ihm ein Medikament einzugeben und dann wieder zu gehen.

Dies war für mich eine sehr starke und wichtige Erfahrung. Zunächst hatte ich den Patienten als potentiellen Gegner gesehen, der mich verletzen würde. (Meine Vergangenheit sagte mir, daß jeder, der verstört wirkte und eine Keule in der Hand hält, gefährlich sei.) Ich beschloß aber, nicht das manipulative Instrument der Autorität anzuwenden, das nur noch mehr Angst und Trennung erzeugt hätte. Als ich in unserer Angst eine gemeinsame Verbindung entdeckte, und ich ihn aufrichtig um seine Hilfe bat, verband er sich mit mir. Wir waren dann in der Lage, uns gegenseitig zu helfen. Als ich diesen Patienten als meinen Lehrer und nicht als meinen Feind ansah, half er mir zu erkennen, daß wir vielleicht alle gleichermaßen wahnsinnig sind und daß nur die Form unseres Wahnsinns unterschiedlich ist.

Ich bin entschlossen, daß heute alle meine Gedanken frei von Angst, Schuldgefühlen und Verurteilung meiner selbst und anderer bleiben werden, indem ich wiederhole: Ich kann wählen, alle verletzenden Gedanken zu verändern.

LEKTION 12

ICH BIN VERANTWORTLICH FÜR DAS, WAS ICH SEHE

LIEBE
ANGST

Ich bin verantwortlich für das, was ich sehe.

Ich wähle die Gefühle, die ich erlebe,

und lege das Ziel fest, das ich erreichen will.

Um alles, was mir widerfährt, habe ich gebeten

und ich empfange, wie ich gebeten habe.

Lehre einzig Liebe, denn das ist es, was du bist.

NACHWORT

Laßt uns beharrlich als einziges Ziel inneren Frieden wählen, anstatt der vielfältigen Ziele, die zum Konflikt führen. Fahren wir fort, Vergebung zu praktizieren und uns selbst und einander als schuldlos anzusehen. Laßt uns liebevoll auf die Gegenwart schauen, denn sie birgt ewig gültiges Wissen. Laßt uns weiterhin in einem Vorgang persönlicher Veränderung bleiben, indem wir uns einzig darum kümmern, zu geben und nicht zu empfangen.

Laßt uns erkennen, daß wir als ein großes Selbst miteinander verbunden sind und laßt uns die Welt mit dem Licht der Liebe erleuchten, das durch uns scheint. Laßt uns zu dem Wissen erwachen, daß die Quintessenz unseres Wesens Liebe ist und daß wir als solche das Licht der Welt sind.

REZEPTE ZUM GLÜCK
Ken Keyes jr.

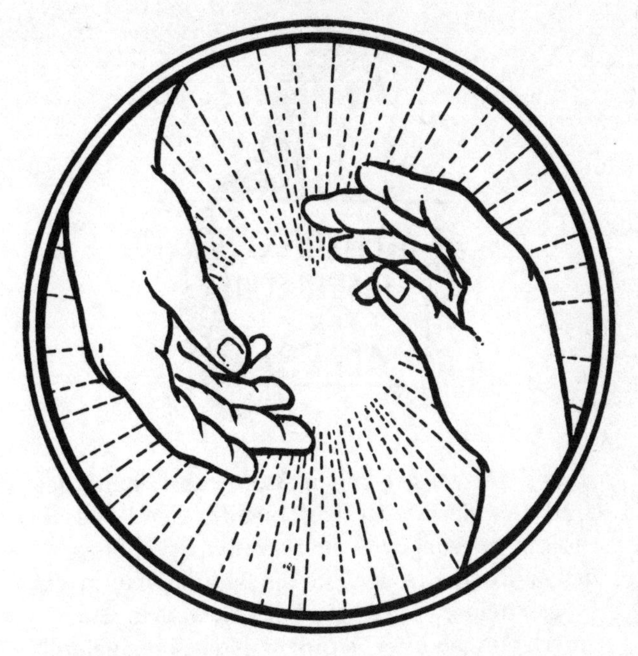

Keyes lenkt unsere Aufmerksamkeit auf drei grundlegende Formeln, die jeder Einzelne anwenden kann und sollte, um sein Leben vernünftiger und glücklicher zu gestalten: 1. Frage nach dem, was du haben willst, aber verlange es nicht; 2. Akzeptiere was immer geschieht, wenn auch nur vorübergehend; und 3. Verstärke deine Liebe, auch wenn du nicht das erhältst, was du dir gewünscht hast. Die Erläuterungen und Begründungen für diese „Rezepte" sind persönlich und direkt formuliert, die Ratschläge sind wissenschaftlich fundiert. Ein wertvolles Buch auch für diejenigen, die solchen Gedanken skeptisch gegenüberstehen.

ISBN 3-88792-006-6
Taschenbuch, ca. 133 Seiten, Preis: 12,—

DER HUNDERTSTE AFFE
Ken Keyes jr.

„Das Plädoyer gegen den Atomwahn" lautet der Untertitel dieses wichtigen Buches. Ken Keyes jr. ist ein international anerkannter Psychologe, dessen Bücher in den USA in Millionenauflagen erscheinen. Hier liefert er das, was in den Überlegungen über Atomenergie bislang gefehlt hat: Eine gründlich recherchierte Analyse der Tatsachen, die uns in dieser Form aufgereiht nie präsentiert werden, sowie die Warnungen und Meinungen führender Wissenschaftler und Politiker zum Thema Atomkraft. Und Keyes geht noch weiter, indem er darauf hinweist, daß wir alle Mitglieder der menschlichen Gemeinschaft sind, und in dieser vielleicht wichtigsten Frage der Geschichte Stellung nehmen müssen, jeder nach seinen Möglichkeiten, wenn die Initiative nicht in den falschen Händen bleiben soll
bis es zu spät ist.

ISBN 3-88792-005-8
Taschenbuch, ca. 175 Seiten, Preis: 12,—

STRETCHING
Bob Anderson

Genau dargestellte Dehnübungen, die den Körper geschmeidig und gesünder halten – mit Vorbereitungen für alle populären Sportarten – für jeden, jederzeit und überall. Die „Gymnastik aller Gymnastiken... Wir alle leiden unter ständigem Bewegungsmangel. Die Folge: Unsere Muskeln verspannen sich, und sie verkümmern. Beim Stretching nun sind alle Übungen darauf angelegt, sie wieder zu dehnen. Nicht ihre Masse zu vergrößern, sondern ihre Kraft und Geschmeidigkeit." (Vital, 4/83). Dr. med. Egbert Asshauer, Verfasser des Vorwortes zu STRETCHING: „(Es) macht Muskeln und Gelenke beweglicher, betont die Koordination von Bewegungen und freier Atmung und führt nicht zuletzt dank Bob Andersons System zu vernünftiger Ernährung. Das Ziel des Stretching ist... die allmähliche Erarbeitung eines Wohlbefindens frei von Konkurrenz- und Leistungsdruck. STRETCHING ist eine andere Art zu leben."

ISBN 3-88792-001-5
durchgehend illustriert, DIN A 4, 185 Seiten, kartoniert, Preis: 24,80

Feng-Schui
oder
Die Rudimente der Naturwissenschaft in China

E. J. Eitel

Was ist Feng-Schui?

In China erhielt der Missionar E. J. Eitel die Antwort: Wind und Wasser. Für uns ist Feng-Schui ein uralter, aber sehr erfolgreicher Grundstein für das Leben in Harmonie mit der Natur anstatt im Vernichtungskampf gegen sie. „Der Zustand, den Feng-Schui anstrebte, war kein geringerer als das Goldene Zeitalter" (John Michell).

Dieser historische Text ist mehr als eine wissenschaftlich angelegte Studie. Der Autor ermöglicht ungewollt Einblicke in das Denken einer Epoche, in der viele der heute herrschenden Mißstände konkrete Formen bekamen. Dieses ist die erste deutschsprachige Ausgabe eines Buches, das erstmals 1873 in London erschien.

ISBN 3-88792-002-3
Taschenbuch, 121 Seiten, Preis: 12,—

Weitere Titel
von Ken Keyes jr. und
anderen namhaften Autoren
sind in Vorbereitung.
Wir informieren Sie gerne.

Felicitas Hübner Verlag

D-3544 Waldeck-Dehringhausen
Tel.: 0 56 95 / 10 30
Telex: 9 94 524 fhv d